Cuisiner
AUX HUILES ESSENTIELLES

par Joël Guillet
MAS DU LANGOUSTIER

PHOTOGRAPHE EDITH ANDREOTTA

ROM

Table des matières

CUISINER AUX HUILES ESSENTIELLES

Index

HUILES ESSENTIELLES

HUILES ESSENTIELLES - Attention....

Pour que les recettes vous donnent toute satisfaction, tenez compte des remarques ci-dessous.

Les dosages d'huiles essentielles indiqués dans les recettes respectent tous les principes de précaution en usage. Il est donc vivement conseillé de s'en tenir aux quantités préconisées, autant pour des raisons de bon goût que de sécurité alimentaire. A partir d'une certaine température, les huiles essentielles deviennent volatiles et perdent leur parfum. C'est pourquoi, il est impératif de respecter l'ordre de la recette en ce qui concerne l'incorporation des huiles essentielles, car leur rajout tient compte de ce paramètre. Respectez scrupuleusement le dosage de «gouttes», qui sont celles du bouchon compte-gouttes du flacon. Comme une seule goutte supplémentaire peut gâcher votre recette, nous vous conseillons d'utiliser une cuillère intermédiaire avant d'incorporer vos huiles à la préparation.

USTENSILES DE CUISINE

Certaines recettes nécessitent impérativement ou commodément un matériel de cuisine particulier. La sorbetière (ou turbine) se trouve maintenant dans les grandes surfaces. Elle est devenue efficace et relativement peu onéreuse. Elle s'arrête automatiquement quand la glace ou le sorbet sont pris. Le blender (quelquefois à tort appelé mixer) est un bol mélangeur qui tourne à vitesse réglable. Le thermomètre à sirop est indispensable pour obtenir un sirop de sucre précis. Bon marché, Il s'achète dans les magasins spécialisés en cuisine. Pour réaliser les limonades «maison» (et bien d'autres boissons !), un siphon et ses cartouches de gaz est très utile. Vous pouvez toutefois utiliser de l'eau minérale gazeuse du commerce. La cuillère parisienne est tout simplement une cuillère à bord coupant qui permet de fabriquer de petites boules dans des aliments (melon, pastèque, pomme de terre...).

Porquerolles

MAS DU LANGOUSTIER

Avec Joël Guillet, notre première rencontre devait être une brève présentation en vue d'envisager un possible travail ensemble. L'entretien a duré quatre heures, et sans beaucoup parler. Evitant de nous encombrer de considérations générales, de titres de noblesse dans nos domaines respectifs, de dissertations convenues sur les liens, pour nous évidents, entre l'odorat et la saveur, nous sommes allés tout de suite à l'essentiel, c'est-à-dire à la sensation.

Au laboratoire, devant l'abondante échantillothèque, nous avons eu recours aux outils conceptuels des hommes de goût : l'analogie, le raccourci, le court-circuit, l'allusion, l'extrapolation, l'image dépecée, la digression, le sous-entendu, entre autres, tout cela, bien sûr, légitimé par l'objectivité de la sensation.

Ainsi nous avons évoqué les notes pamplemousse du vétiver, le lacté du santal, le fumé du ciste, l'initiatique roquefort dans la lavande, le sceau du petit pois dans le jasmin Provence, le cuir du safran... pendant plusieurs heures, jusqu'à la saturation, l'écœurement, le vertige, la confusion des perceptions, proches de l'ivresse, toujours dans l'essentiel.

Mon métier est humble : il consiste à proposer la note juste : une bergamote qui sent vraiment la bergamote, un néroli qui sent la fleur d'oranger, un ylang ylang qui respire les Comores. C'est beaucoup et c'est peu. Ma seule initiative est de suggérer telle ou telle essence rare ou exotique, et qui ne fait pas partie de la palette olfactive commune. Avec Joël Guillet, l'enjeu était plus grand. J'étais comme un accordeur de piano, proposant son instrument à Chopin ou à Liszt : je savais ce que je lui proposais, mais je savais aussi ce qu'il savait en faire. Pas d'erreur de navigation possible autour des îles de Porquerolles.

Car s'attacher à la note juste comme seul critère est un travail d'identification, pas de création. L'odorat est souvent associé à la mémoire, de façon tellement exclusive que l'on en oublie qu'il peut susciter, comme la vue ou l'ouie, d'autres fonctions cognitives, dont l'imagination. L'artiste ne se nourrit pas que de souvenirs. Le Parfumeur, comme le Cuisinier, sait créer du nouveau avec du familier. Trop connu, nous sommes dans la redondance. Trop particulier, nous sommes dans une singularité sans repères. Merci à ces créateurs, à ses Phares, dont parle Baudelaire, qui jettent des ponts entre le connu et le différent, entre l'évident et le tout autre.

Les « formules » qui suivent ont été éprouvées. Elles sont accessibles. Et si le moindre doute subsiste, il nous reste toujours le recours d'aller les vérifier au Mas du Langoustier. La démonstration est éclatante, se résout en dégustation, et ne peut que confirmer tout l'art de Joël Guillet.

Georges Ferrando

Joël Guillet

CHEF DU MAS DU LANGOUSTIER

Il est temps que les huiles essentielles entrent en cuisine. Dans l'imaginaire du grand public, elles ont une certaine difficulté à s'émanciper des liens qui les unissent à la pharmacopée et celle-ci ne fait pas spontanément bon ménage avec la gastronomie. De fait, il faut bien avouer que les rares recueils de recettes de cuisine associant les huiles essentielles font généralement la part un peu trop belle à l'aspect thérapeutique des choses et peinent à mettre en avant ce qui, pourtant, est l'ambition même de tout livre de cuisine : les saveurs, les parfums, le plaisir des sens. Mais quand un chef aussi renommé que Joël Guillet décide d'envisager la question, un horizon gastronomique bien plus large s'ouvre aussitôt, un horizon qui, à l'évidence, ne saurait se limiter au seul thème du « se soigner en mangeant »... Evoquer l'horizon n'est d'ailleurs pas une image de hasard : n'est-ce pas sur l'île de Porquerolles, entre ciel et terre, que Joël Guillet exerce son art culinaire, au Mas du Langoustier ? Encore pourrait-on ajouter à cette position d'exception, le souvenir du passage de Maître François Rabelais, grand extracteur de quintessences devant l'éternel et qui parcourut les îles d'Hyères pour y herboriser.

Sur un tel terrain, Joël Guillet est ainsi l'homme de la situation pour replacer les essences des plantes dans la tradition qui, depuis des millénaires, leur a attribué un triple usage : se nourrir, se soigner, se parfumer. Imaginer les recettes devient alors une aventure, une inédite parenthèse à ouvrir dans la carrière d'un grand chef, comme pour un exercice de style mené en virtuose du goût.

C'est peu de dire qu'entre l'art des essences et celui de la table les passerelles ne manquent pas. L'une d'elles se nomme le « point éclair ». Pour le chef comme pour l'extracteur le « point éclair », c'est cet instant où, soumis à la chaleur, essences et aliments conservent encore toutes leur vertus gustatives et leurs propriétés ou les perdent si le point est dépassé. Joël Guillet en a bien sûr tenu compte. Sous sa conduite perfectionniste les huiles essentielles et les absolues entrent en scène dans ses plats au bon moment et selon un respect rigoureux de leur nature. Il est vrai qu'elles ont une note très précise et très singulière à jouer sur le piano des saveurs.

Cette note, Joël Guillet entend la faire partager. Les recettes qu'il a élaborées sont à la mesure des talents et ambitions de chacun. Certains se feront « parfumeurs ». D'une goutte d'huile essentielle de sauge, ils créeront un miel unique, rehausseront leur huile d'olive des feux du gingembre ou bien encore, à la faveur d'une larme d'huile essentielle, le simple œuf à la coque sera par eux doté d'une palette gustative qu'on ne s'attendait pas à trouver en lui.

Mais d'autres n'hésiteront pas à se mesurer au chef du Mas du Langoustier et tenteront de le suivre sur la trace d'un caviar de carottes à l'huile essentielle de cumin et coriandre, si ce n'est dans la confection d'une crevette vapeur, chutney de courgettes à l'huile essentielle de néroli. Ainsi, du geste à la portée de tous jusqu'au plat sophistiqué, ce recueil permettra aux huiles essentielles de faire leur entrée dans nos cuisines, à l'usage des amateurs de l'art culinaire comme pour ceux qui cherchent à réveiller leurs papilles au jour le jour, tout simplement.

Dominique Lucchini

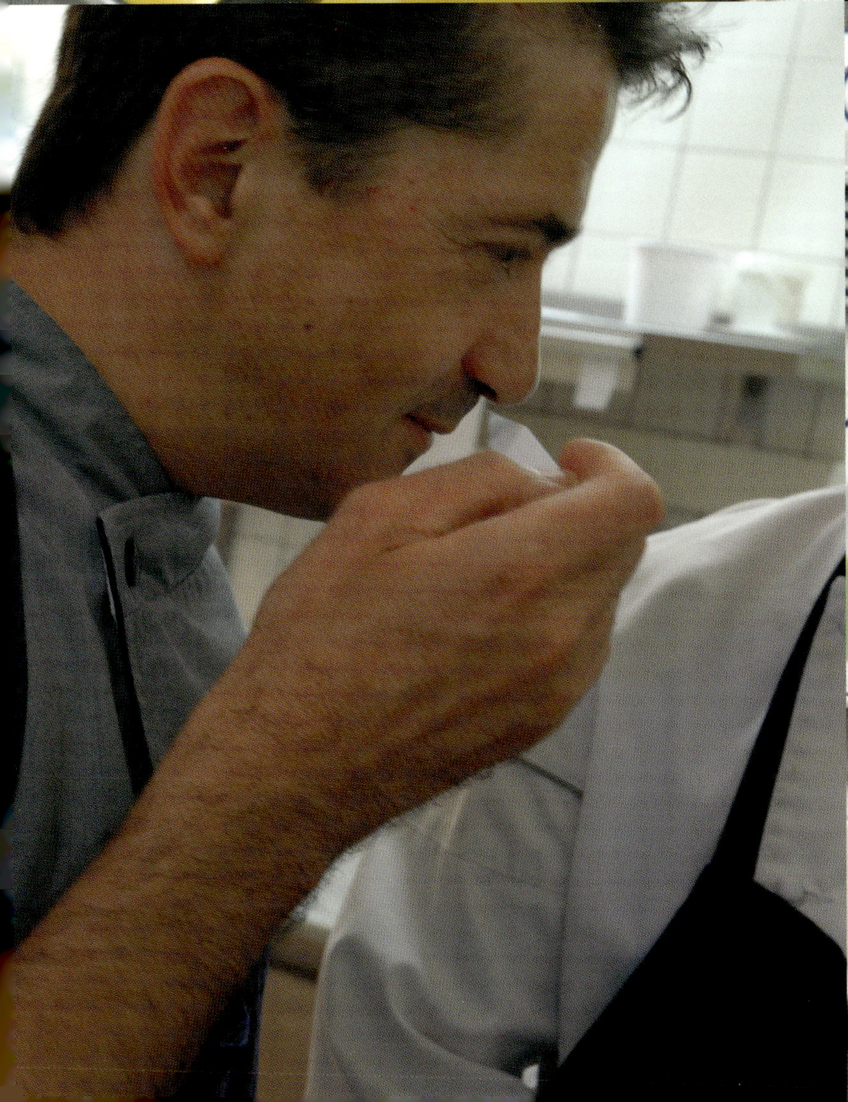

Carnet
DE RECETTES

INGRÉDIENTS POUR 1 PERSONNE : 1 œuf coque, 1 goutte d'huile essentielle (romarin, sauge, cumin, thym, immortelle...)

Un œuf coque

AUX HUILES ESSENTIELLES

L'esprit de la plante :
Ce « soleil d'or » au nom savant d'hélichryse pousse spontanément en Méditerranée, plus connu sous le joli terme d'immortelle. L'immortelle est de connivence avec l'été. On la cueille traditionnellement la nuit de la Saint-Jean, comme pour appeler le soleil dont elle a besoin pour pousser. Depuis quelques temps déjà, l'immortelle a fait son entrée dans la gastronomie pour sa subtile nuance de curry.

En savoir plus :
www.neroliane.com

Suivant vos besoins et vos envies du moment, vous pouvez profiter d'un œuf coque pour apprécier les vertus des huiles essentielles (romarin, sauge, cumin, thym, immortelle...).
Cuire un œuf 3 mn à l'eau bouillante.
Décaloter l'extrémité de l'œuf, y verser 1 goutte d'huile essentielle, mélanger à l'aide d'une petite cuillère, déguster.

INGRÉDIENTS POUR 6 PERSONNES : 2 melons d'environ 800 g, 3 gouttes d'huile essentielle de mélisse.

Velouté de melon

À LA MÉLISSE

L'esprit de la plante :
La mélisse prospère autour du bassin méditerranéen. Ses petites fleurs blanches dégagent une odeur très douce et citronnée. Elle est traditionnellement utilisée pour améliorer les digestions difficiles.

Ouvrir, évider les melons.
A l'aide d'une cuillère dite à pomme parisienne, retirer des petites boules de melon qui serviront à la présentation (10 à 15 boules par personne, suivant la taille de la cuillère).
Retirer la chair des melons, la ranger dans un blender, ajouter les gouttes d'huile essentielle de mélisse, mixer.
Verser en soupière, ajouter les billes de melon.

INGRÉDIENTS POUR 4 PERSONNES : 1 kg d'aubergines, 1 yaourt nature, 0.5 dl d'huile d'olive, 100g d'oignons hachés, 2 gouttes d'huile essentielle de citron, jus de citron, 4 feuilles de gélatine ramollie dans l'eau froide.

Caviar d'aubergines

AU PARFUM DE ZESTES DE CITRON

L'esprit de la plante : Venu de Chine ou d'Inde, le citron s'est glissé sur la route des épices vers le Moyen-Orient. Les Grecs d'Alexandre le Grand le baptisèrent « pomme de Médie », du nom d'une région perse. Il fut aussi du voyage dans les caravelles de Christophe Colomb et conquit sans mal le Nouveau Monde. Sa senteur à nulle autre pareille, la multitude de ses usages et bienfaits, tant culinaires qu'aromathérapiques lui assurent la mention d'excellence.

Cuire les aubergines entières au four (th 8) environ 1 heure.
Couper les aubergines en deux, prendre la chair, la hacher grossièrement au couteau.
Verser le caviar dans une casserole, ajouter le yaourt nature, faire cuire 5 à 10 mn.
Ajouter la gélatine ramollie, saler, poivrer.
Verser le caviar dans un saladier, ajouter l'oignon haché, le jus de citron, l'huile essentielle de citron et l'huile d'olive.
Mélanger l'ensemble, vérifier l'assaisonnement, réserver au frais.

INGRÉDIENTS POUR 4 PERSONNES : 500 g de carottes, 1 yaourt nature, 1 goutte d'huile essentielle de cumin, 1 goutte d'huile essentielle de coriandre, 1 botte de ciboulette ciselée, 4 gouttes de tabasco.

Caviar de carottes

AU CUMIN ET CORIANDRE

L'esprit de la plante :
Depuis combien de temps le cumin et la coriande accompagnent -t-ils la vie des hommes ? Au bas mot 5000 ans. C'est plantes sont parmis les plus anciennes dont on ait retrouvé la trace, précisément en Egypte, dans les pyramides. Les Romains faisaient déjà du cumin une pâte dont ils badigeonnaient leurs pains.
Du Moyen-Âge à nos jours, le cumin entre dans la composition des potages, plat de volaille ou de poisson.

Eplucher les carottes, cuire à la vapeur.
Ecraser les carottes dans un saladier à la fourchette.
Ajouter le yaourt égoutté, les huiles essentielles de cumin et coriandre, la ciboulette et le tabasco.
Mélanger, vérifier l'assaisonnement.
Servir à l'apéritif avec des croûtons grillés.

INGRÉDIENTS POUR 4 PERSONNES : 500 g de tomates, une cuillère à café de vinaigre de Xérès, une cuillère à soupe d'huile d'olive, une pointe de tabasco, 2 gouttes d'huile essentielle d'épinards, 1/4 d'une botte de ciboulette ciselée.

Tartare de tomates

À L'HUILE ESSENTIELLE D'ÉPINARDS

L'esprit de la plante : L'épinard apparaît en Europe peu après l'an mil apporté par les Arabes. Il semble provenir du Caucase où il pousse à l'état sauvage. C'est un légume feuille de consommation récente puisqu'il n'a connu une véritable expansion qu'au début du XVIIème siècle où l'on en raffolait cuisiné… au sucre !

Peler, épépiner, couper en dés les tomates.

Dans un saladier, saler, poivrer les tomates, ajouter l'huile d'olive, le vinaigre de xérès, le tabasco, la ciboulette ciselée, l'huile essentielle d'épinards. Mélanger, laisser macérer 20 mn, vérifier l'assaisonnement.

Servir à l'apéritif avec des croûtons de pain grillé.

INGRÉDIENTS POUR 6 PERSONNES : 2 aubergines, 2 courgettes, 6 tomates, 2 poivrons rouges, 200 g de chèvre frais, type "Sainte Maure", 100 g de beurre, 2 gouttes d'huile essentielle de genévrier.

Terrine de légumes

CONFITS AU CHÈVRE FRAIS ET GENÉVRIER

L'esprit de la plante : Cet arbuste épineux se rencontre sans mal dans toutes les campagnes de l'hémisphère nord. On recherche ses baies, à qui il faut trois ans pour parvenir à maturité. Elles donnent son goût et l'origine de son nom au gin. De même, les créateurs de parfums n'ont jamais cessé d'y avoir recours pour les notes boisées. C'est une fidélité qui ne date pas d'hier : dans la composition des onguents et parfums de l'Egypte antique, le genévrier était déjà là !

Légumes confits : tailler les aubergines et les courgettes dans le sens de la longueur d'une épaisseur de 2 cm environ. Disposer sur la lèche-frite du four, badigeonner d'huile d'olive, saler, poivrer. Parsemer d'un peu de fleur de thym, recouvrir d'une feuille de papier d'aluminium et cuire 1 heure à 100°. Réserver. Cuire les poivrons au four puissance maximum afin de faire cloquer la peau. Les retirer et les enfermer dans un sac congélation hermétiquement jusqu'à refroidissement.
Ouvrir alors le sac et retirer la peau et les pépins des poivrons, réserver. Peler, couper en quartiers, épépiner les tomates, réserver.
Appareil au chèvre et genévrier : dans un saladier, mélanger le chèvre en dés et le beurre ramolli de façon homogène, saler, poivrer, ajouter l'huile essentielle de genévrier.

Montage : poser une feuille de papier film dans 1 terrine d'1 litre et demie environ, en laissant ressortir les bords sur les côtés.
A l'aide d'un pinceau, passer une fine couche de chèvre au genévrier (environ 2 à 3 mm), disposer une couche d'aubergines, en coupant si besoin les excès. Alterner les couches de courgettes, de poivrons et de tomates avec des couches de chèvre en terminant par celles-ci. Mettre la terrine au frais 24 heures.
Démouler, couper en tranches, servir avec une huile d'olive ou un coulis de tomate.

INGRÉDIENTS POUR 4 PERSONNES : 1 kg de sardines ou 500 g de filets, 0.5 dl de vinaigre de Xérès, 1 dl d'huile d'olive douce, 1/4 de botte de basilic ciselé, 3 gouttes d'huile essentielle de mandarine, 1 cuillère à café de sel fin.

Sardines marinées

À L'HUILE DE MANDARINE

L'esprit de la plante : Le mandarinier est un agrume qui pousse spontanément dans le Sud-est de l'Asie, spécialement en Chine. Il est fort probable la mandarine doive son nom, via l'italien « mandarino », aux puissants mandarins chinois à qui ce fruit était destiné. Comme pour l'oranger, le mandarinier a donné naissance à de nombreux cultivars et espèces hybrides car les agrumes se prêtent volontiers aux croisements.

Dans un bol, mélanger le sel, le vinaigre, l'huile d'olive, le basilic ciselé et l' huile essentielle de mandarine.
Dans un plat à rebord, disposer les filets de sardines, arroser de marinade.
Garder au frais 1 heure en retournant les filets de sardine à 30 mn.
Disposer les filets de sardines dans un plat de présentation en arrosant d'un filet de marinade.

INGRÉDIENTS POUR 6 PERSONNES : 18 queues de langoustines décortiquées (calibre 10/15), 3 feuilles de bricks, 300 g de semoule moyenne, 100 g de carottes, 100 g de céleri, 2 cébettes, 1 tomate, 50 g de petits pois, 50 g de haricots verts, 2 jus de citrons, 1 dl d'huile d'olive, 2 gouttes d'huile essentielle de fleur de néroli, sel, poivre, 2 dl de lait fermenté, 1 goutte d'huile essentielle de cardamone.

Croustillant de langoustines

TABOULÉ DE LÉGUMES À LA FLEUR DE NÉROLI, LAIT FERMENTÉ À LA CARDAMONE

L'esprit de la plante : Le néroli est le nom de l'essence de fleur du bigaradier, l'oranger amer, qui fut connu bien avant l'oranger doux. Rameaux, fleurs et fruits de cet arbre mythique furent associés en toutes régions aux fêtes et parures nuptiales, symboles d'innocence, de fraîcheur mais aussi de fertilité. La délicieuse senteur de néroli rencontre un succès universel. Pour les parfumeurs, c'est un véritable or liquide, comme une légende du jardin des Hespérides.

Croustillant de langoustines : poser une feuille de brick sur le plan de travail, la découper en 6 triangles. Assaisonner les langoustines. Poser ensuite une langoustine sur chaque triangle dans la partie la plus large, replier les deux extrémités sur la langoustine puis la rouler sur elle-même afin de former un cigare hermétique, réserver les rouleaux au frais.

Taboulé de légumes : faire bouillir 2,5 dl d'eau salée avec 50 g de beurre, ajouter la semoule, laisser reposer 10 mn. Eplucher les carottes, le céleri, tailler en dés ainsi que la tomate et les haricots verts. Ciseler les cébettes (en réserver une petite partie pour la sauce au yaourt). Cuire à l'eau bouillante salée, les carottes, petits pois, haricots verts et céleris. Les rafraîchir et les égoutter.

Dans un saladier, égrener la semoule, ajouter les légumes : carottes, haricots verts, céleris, dés de tomates, mélanger l'ensemble.

Assaisonnement : dans un bol, verser le jus de citron, une pincée de sel, huile d'olive, les gouttes d'huile essentielle de néroli, fouetter et verser sur le taboulé, remuer avec une spatule.

Lait fermenté : dans un bol, disposer le lait fermenté, saler, poivrer, ajouter l'huile essentielle de cardamone, la cebette restante, mélanger.

Finition : à la poêle avec un fond d'huile d'olive, cuire les croustillants de langoustines 3 mn sur chaque face, égoutter sur du papier absorbant. Dans un plat rond, dresser en dôme le taboulé de légumes, ranger les croustillants tout autour, servir le lait fermenté en saucière.

INGRÉDIENTS POUR 4 PERSONNES : 100 g de filets de truite fumée, 300 g de filets de truite fraîche, 60 g de fromage type "carré frais Gervais", 2 gouttes d'huile essentielle de laurier, 100 g d'oignons rouges hachés.

Rillettes de truites

AU FROMAGE ET LAURIER

L'esprit de la plante :
Venu sans doute d'Asie Mineure, le laurier s'est imposé en Grèce dans le sillage du culte d'Apollon. Il a une place prépondérante dans les cérémonies antiques où son origine mythologique est toujours présente : la nymphe Daphné, métamorphosée en laurier pour fuir les avances du Dieu solaire. Symbole par excellence de la gloire, nul n'ignore que sa couronne signale le triomphe des athlètes mais aussi l'inspiration sacrée des poètes.
Le laurier toutefois sait se faire humble quand il parfume si délicatement la cuisine méditerranéenne.

Couper en dés la truite fumée.
Cuire à la vapeur les filets de truites fraîche et les écraser à la fourchette.
Dans un saladier, mélanger les filets, le fromage, l'huile essentielle de laurier, l'oignon rouge haché.
Enfin, ajouter les dés de truite fumée, remuer, vérifier l'assaisonnement, réserver au frais.

INGRÉDIENTS POUR 4 PERSONNES : 2 carottes, 2 branches de céleri, 4 artichauts violets (petits), 1/2 fenouil, 1 botte d'oignons nouveaux, 12 asperges, 16 tomates cerises, 1 aubergine, 10 gousses d'ail, 1 botte de persil plat, 1 goutte d'huile essentielle de laurier, 1 goutte d'huile essentielle de piment, 1 goutte d'huile essentielle de thym, 0.5 dl de vin blanc, 0.5 dl de vinaigre de xérès, 1 dl d'huile d'olive.

Escabèche* de légumes

(LAURIER, ANIS, CORIANDRE, PIMENT, THYM)

L'esprit de la plante : Le piment s'est propagé comme un incendie. On doit à Christophe Colomb son introduction en Europe. Aussitôt cultivé en Espagne, il conquiert l'Italie, l'Allemagne et la Hongrie. Rien ne freine son expansion. Encore quelques décennies et il aura bouclé son tour du monde en un temps record. Non seulement capable de s'acclimater partout, le piment joue vite les premiers rôles dans les nombreuses cultures qui l'ont accueilli, en particulier celles de l'Asie.

Eplucher les carottes, les asperges, le céleri.
Tailler en sifflet les carottes, en biseau les asperges et le céleri, en 4 les artichauts et fenouils, en 2 les tomates et oignons, l'aubergine en tronçons, effeuiller le persil plat.
Dans une cocotte, avec un filet d'huile d'olive, sans coloration, à feu doux, faire revenir les carottes. Ajouter les artichauts, le fenouil, les gousses d'ail, cuire 5 mn. Ajouter alors le céleri, les oignons, les tronçons d'aubergines, les asperges et les tomates cerises. Cuire 5 mn, puis ajouter le vinaigre et le vin blanc, une pincée de sel, 2 dl d'eau, couvrir et laisser cuire 5 mn.
Retirer la cocotte du feu, rectifier l'assaisonnement.
Ajouter les huiles essentielles de laurier, thym et piment, les feuilles de persil plat, remuer, laisser refroidir.

Finition et dressage : à l'aide d'une écumoire, retirer les légumes et les verser dans un plat creux. Emulsionner le jus des légumes à l'aide d'un fouet ou d'un petit mixeur. Arroser les légumes de ce jus.

*Marinade arômatisée utilisée avec viandes, poissons ou légumes.

INGRÉDIENTS POUR 6 PERSONNES : 1 l de bouillon de volaille léger en goût, 300 g de petits pois surgelés, 50 g de beurre, 1 goutte d'huile essentielle de menthe poivrée.

Velouté de petits pois

À LA MENTHE POIVRÉE

L'esprit de la plante :
La menthe fournit un corpus légendaire et mythologique aussi varié que la quantité d'hybrides de la plante. Tantôt liée aux Enfers par l'amour que lui porte Hadès, tantôt au service de Déméter, déesse de la vie, la menthe est perçue comme ambivalente. Le Moyen-âge adopte une attitude voisine. La menthe est tout à la fois vantée pour ses vertus reconstituantes et purifiantes, mais n'échappe pas à la méfiance pour son influence excitante sur les sens. Aujourd'hui, c'est par son parfum que la menthe est toute entière associée à l'idée de fraîcheur.

Porter à ébullition le bouillon de volaille, ajouter les petits pois.
Cuire 10 mn.
Passer au blender, avec le beurre.
Passer à la passoire fine, vérifier l'assaisonnement, ajouter les gouttes d'huile essentielle de menthe poivrée.
Servir dans des flûtes à champagne.
Ce velouté peut également être consommé froid, dans ce cas, il risque d'être un peu plus épais, penser à le détendre avec un peu de bouillon de volaille…

INGRÉDIENTS POUR 4 PERSONNES : 1 kg de tomates, 1 dl d'huile d'olive, 3 gouttes d'huile essentielle de céleri, 100 g de tapenade d'olives, 15 g de pain de mie, 1 barquette de tomates cerise (12 à 16 pièces).

Soupe froide de tomates

AU PARFUM DE CÉLERI, TOMATES CERISES À LA TAPENADE D'OLIVES

L'esprit de la plante : Le céleri pousse spontanément dans toute l'Europe. Bien avant d'être cultivé, on le connaît depuis l'Antiquité sous le nom d'ache sauvage. Son arôme et la forme caractéristique de ses feuilles en firent un décor de table chez les Grecs, tandis que les Romains ne dédaignèrent pas d'en tresser des couronnes, comme avec le laurier. Mais il faudra attendre quelques siècles pour que le céleri, en plus de ses vertus médicinales, soit envisagé sous l'angle de ses mérites gastronomiques et parfume salades et potages.

Couper le chapeau des tomates cerises, les évider à l'aide d'une cuillère à café, les remplir de tapenade d'olives, réserver au frais.
Dans un blender, mixer les tomates avec l'huile d'olive, l'huile essentielle de céleri et le pain de mie.
Vérifier l'assaisonnement, passer à la passoire fine.
Servir en assiette creuse, en dispersant les tomates cerises à la tapenade.

INGRÉDIENTS POUR 4 PERSONNES : Gaspacho : 500 g de tomates, 300 g de poivrons, 300 g de concombre, 30 g de pain de mie, 5 gouttes de tabasco, 0.5 dl d'huile d'olive. Glace moutarde : 5 dl de lait, 6 jaunes d'œufs, 150 g de sucre, 50 g de moutarde, 3 gouttes d'huile essentielle de bergamote, 1 pincée de sel.

Gaspacho* andalou,

GLACE MOUTARDE AU PARFUM DE BERGAMOTE

L'esprit de la plante : La bergamote s'est illustrée en Italie, mais c'est un abus de lier son nom à Bergame, région où le climat ne lui serait pas propice. En réalité, l'hypothèse du turc beg armudi, littéralement « poire du bey » est la plus vraisemblable. La bergamote est un agrume qui aime la chaleur. Elle est aujourd'hui cultivée en Calabre depuis qu'un parfumeur italien en fit son « aqua mirabilis » qui allait devenir l'eau de Cologne. Devenue célèbre à Nancy, elle parfume le sucre d'orge qui porte son nom, tandis que le thé Earl Grey lui doit sa réputation.

Gaspacho : peler, épépiner et couper en quartiers les tomates.
Eplucher et couper le poivron en dés, retirer les pépins.
Eplucher le concombre, retirer les pépins.
Passer tous les légumes au blender, avec le pain de mie, l'huile d'olive, le tabasco, assaisonner, réserver au frais.

Glace moutarde : porter à ébullition le lait.
Blanchir les jaunes en les fouettant avec le sucre.
Verser le lait bouillant sur les jaunes, cuire "à la nappe" (comme une crème anglaise), sans porter à ébullition (80°).
Laisser refroidir, ajouter alors la moutarde, l'huile essentielle de bergamote, 1 pincée de sel.
Passer en sorbetière, garder au congélateur.

Finition : dresser le gaspacho en assiette creuse, poser une belle boule de glace moutarde, 1 trait d'huile d'olive.

*Soupe froide espagnole à base de tomates et mie de pain

INGRÉDIENTS POUR 6 PERSONNES : 150 g de pois chiches, 2 l de bouillon de volaille léger, 1 dl d'huile de sésame, 2 gouttes d'huile essentielle de coriandre, jus d'1/2 citron.

Hoummos*

DE POIS CHICHES À LA CORIANDRE

L'esprit de la plante : La coriandre appartient à la grande famille des ombellifères. Sitôt que les hommes ont pris conscience de l'univers botanique, ils l'ont distinguée. Les Romains en faisaient grand cas et l'ont acclimatée jusqu'aux confins de leur empire. Ils l'utilisaient, entre autres, pour conserver la viande, non sans l'associer à leur pharmacopée. Il est remarquable d'observer qu'un phénomène identique avait lieu en Asie, dans le même temps.

Faire tremper les pois chiches la veille.

Les cuire dans le bouillon de volaille, assaisonner à mi-cuisson.

Egoutter en conservant le bouillon de cuisson.

Dans un blender, verser les pois chiches, mouiller à mi-hauteur avec le bouillon de cuisson, ajouter l'huile de sésame, le jus du demi-citron et l'huile essentielle de coriandre.

Mixer l'ensemble (rajouter un peu de bouillon si l'ensemble vous paraît épais).

Vérifier l'assaisonnement. Conserver au réfrigérateur.

* Recette moyen-orientale à base de pois chiches et de sésame.

INGRÉDIENTS POUR 4 PERSONNES : 1 kg d'anchois, 4 dl de vin blanc, 6 dl de vinaigre blanc, 1 dl d'huile d'olive, 100 g d'olives vertes, 100 g d'olives noires, 2 gouttes d'huile essentielle de thym.

Anchois marinés au thym,

CONCASSÉE D'OLIVES VERTES ET NOIRES

L'esprit de la plante : Le thym est indissociable du Midi de la France. Il y pousse à l'état sauvage, se rencontre à la moindre promenade et apparaît comme une évidence dans la gastronomie méridionale. Du point de vue thérapeutique, sa réputation renvoie aux plus anciens traités de botaniques, confirmés par les modernes. Les Grecs le tenaient en haute estime et l'associaient au culte de la déesse Hécate tout comme, dans l'Europe du nord, cette plante était consacrée à la Venus nordique Freia, preuve que le thym a toujours été marié aux forces vitales du principe féminin.

Etêter les anchois, les vider à l'aide du doigt, les rincer sous l'eau, éponger.

Préparer la marinade : mélanger le sel avec le vin blanc, le vinaigre blanc et l'huile essentielle de thym.
Disposer les anchois dans un plat creux, recouvrir de marinade.
Garder au frais 24 heures.
Dénoyauter les olives vertes et noires, les concasser grossièrement, recouvrir d'huile d'olive.
Retirer les anchois de la marinade, ôter l'arête centrale avec les doigts, ranger les filets d'anchois dans un plat de service.
Mélanger deux cuillères à soupe de marinade à la concassée d'olives, puis recouvrir les anchois avec celle-ci.

INGRÉDIENTS POUR 4 PERSONNES : 4 tranches de pain de campagne, 4 chèvres frais de 80 gr environ, 1 dl d'huile d'olive, 1 goutte d'huile essentielle de romarin, 2 gousses d'ail, 400 g de tomates, 50 g d'anchois à l'huile.

Tartine de pain grillé,

ÉCRASÉE DE CHÈVRE FRAIS À L'HUILE DE ROMARIN, TOMATE À L'AIL ET ANCHOIS

L'esprit de la plante : Le romarin ne fait qu'un avec la Méditerranée. Son caractère bienfaisant et sacré lui a assuré une réputation toujours entière. Quantité de coutumes le mettent en scène. Si les Grecs et les Latins en tressaient des couronnes, c'était pour aviver leur mémoire et les jeunes mariés en plantaient un rameau le jour de leur noce en gage de stabilité. Ce sont les médecins arabes qui les premiers réussirent à extraire l'huile essentielle du romarin qui, depuis, n'a cessé de répandre son esprit exceptionnel.

Dans un saladier, écraser à la fourchette les chèvres, ajouter 5 cl d'huile d'olive et la goutte d'huile essentielle de romarin, une pointe de sel, mélanger, réserver.
Peler, épépiner, couper en dés les tomates, verser dans un bol, saler, poivrer, ajouter l'ail haché et les 5 cl d'huile d'olive restant.
Griller au four ou au toasteur les tranches de pain.
Recouvrir les tranches de chèvre au romarin, poser ensuite la concassée de tomates et décorer avec les filets d'anchois.

INGRÉDIENTS POUR 4 PERSONNES : 4 pommes vertes "Grany Smith", 20 queues de langoustines décortiquées, jus de citron vert, 1 dl Absolue de Vanille, 1 cébette émincée.

Langoustines rôties,

VINAIGRETTE VANILLE, PURÉE DE POMMES VERTES

L'esprit de la plante :
Plante grimpante (tiges ou lianes) originaire d'Amérique tropicale, poussant au Mexique au Guatemala, au Vénézuela en Guyane, aux îles Madagascar, de la Réunion, des Comores et à Tahiti. La récolte se fait d'avril à Juin. Première récolte sur un plan au bout de 3 ans.

Eplucher les pommes Grany, les couper en quartiers, retirer les pépins, cuire dans un saladier sous papier film 5 mn au micro-ondes. Egoutter ensuite en conservant les jus de pommes. Ecraser les pommes à la fourchette. Réserver.

Vinaigrette vanille : dans un bol, verser 5 cl de jus de pomme verte, un jus de citron vert, 1 dl d'huile de vanille, la cébette émincée, une pincée de sel, émulsionner à l'aide d'un fouet. Assaisonner les langoustines, les poêler 3 mn à l'huile d'olive. Eponger sur du papier essuie-tout.

Finition : dans le centre de l'assiette, cercler un fond de compote de pommes vertes, disposer les langoustines autour, arroser de vinaigrette.

INGRÉDIENTS POUR 4 PERSONNES : 4 merlans brillants d'environ 200 g, 2 oeufs, 0.5 dl d'eau, 0.5 dl d'huile, 100 g de farine, 100 g de chapelure, huile arachide, 125 g de beurre, 10 g de jus de citron, 20 g de persil haché, 2 gouttes d'huile essentielle de romarin, 1 cuillère à café de sel fin.

Merlan pané,

BEURRE MAÎTRE D'HÔTEL AU ROMARIN

L'esprit de la plante :
Le romarin ne fait qu'un avec la Méditerranée. Son caractère bienfaisant et sacré lui a assuré une réputation toujours entière. Quantité de coutumes le mettent en scène. Si les Grecs et les Latins en tressaient des couronnes, c'était pour aviver leur mémoire et les jeunes mariés en plantaient un rameau le jour de leur noce en gage de stabilité. Ce sont les médecins arabes qui les premiers réussirent à extraire l'huile essentielle du romarin qui, depuis, n'a cessé de répandre son esprit exceptionnel.

Merlan pané : demander à votre poissonnier d'écailler, de retirer l'arête centrale des merlans tout en gardant les filets rattachés à la tête et à la queue. Dans une assiette creuse, battre les œufs avec l'huile d'olive, l'eau et une pincée de sel.
Verser la farine dans une assiette creuse et la chapelure dans une seconde. Passer les merlans d'abord dans la farine, puis dans l'œuf battu, puis dans la chapelure, presser légèrement pour enlever l'excès de chapelure. Réserver.

Beurre maître d'hôtel au romarin : dans un bol, mélanger le beurre ramolli avec le sel et le jus de citron, le persil haché, l'huile essentielle de romarin. Mélanger, vérifier l'assaisonnement.
Poser une feuille de papier film sur la table d'environ 20 cm. Poser sur la longueur le beurre maître d'hôtel. Rabattre le papier film et rouler sur lui-même afin de former un boudin. Serrer en nouant les extrémités. Réserver au réfrigérateur.

Cuisson et finition : cuire les merlans à la poêle sur les deux faces environ 4 à 10 mn à feu modéré, égoutter sur du papier absorbant. Découper des tranches de beurre maître d'hôtel au romarin (3 par personne). Dans l'assiette, disposer un merlan au centre, poser 3 rondelles de beurre sur un côté, des pommes vapeur de l'autre coté.

INGRÉDIENTS POUR 4 PERSONNES : 4 ailes de raie de 200 gr, 1 dl de vinaigre blanc, 2 dl de vin blanc sec, 2 l d'eau, une carotte, un oignon, un bouquet garni, deux jaunes d'œufs, 125 g de beurre, 1 goutte d'huile essentielle d'angélique.

Raie pochée,

BEURRE DE VINAIGRE D'ANGÉLIQUE

L'esprit de la plante : Appelée couramment «racine du saint-Esprit», l'angélique appartient à la famille des ombellifères. Elle doit son nom au mot grec angelos (messager). De fait, sa connaissance par les hommes est traditionnellement liée à une intervention surnaturelle. Paracelse lui attribue des vertus curatives considérables et certains phytothérapeutes n'hésitent pas à voir en elle ce que le ginseng est pour les Chinois.

Faire un court-bouillon avec le vin blanc, le vinaigre, l'eau, la carotte et l'oignon émincé et le bouquet garni, laisser cuire à frémissement 30 mn. Ajouter les 4 ailes de raie, porter à ébullition, puis retirer du feu. Laisser 15 mn.
Retirer les ailes de raie, les poser sur une planche, retirer la peau et les arêtes, disposer les filets dans un plat et tenir au chaud.
Filtrer 1 dl de bouillon dans une casserole, porter à ebullition, retirer du feu, verser dans un blender, ajouter les deux jaunes d'œufs, mixer durant 30 secondes, puis ajouter le beurre en dés, mixer à nouveau. Ajouter l'huile essentielle d'angélique, mixer, vérifier l'assaisonnement, verser sur les ailes de raie.

INGRÉDIENTS POUR 4 PERSONNES : 48 huîtres n°3, 8 jaunes d'œufs, 250 g de beurre, 2 gouttes d'huile essentielle de cyprès, 500 g de poireaux, 05 dl de crème liquide, 20 g de beurre.

Huîtres chaudes,

AU SABAYON* DE CYPRÈS

L'esprit de la plante :
Pour les Chinois, le cyprès est comme un mât cosmique qui relie le ciel et la terre. Dans le Midi et tout le pourtour méditerranéen, il est cultivé depuis toujours ou pousse librement. La pureté de ses lignes en fait un arbre très élégant qui invite aux pensées essentielles de vie et de mort, raison pour laquelle il a toujours veillé sur les tombes, moins comme un ornement funèbre que comme un gage de vivante éternité.

Ouvrir les huîtres, en conservant la chair, le jus et les coquilles.
Porter à ébullition le jus des huîtres, ajouter les huîtres, les retirer aussitôt à l'aide d'une écumoire.
Filtrer le jus à la passoire fine.
Préparer une fondue de poireaux. Laver les poireaux, émincer finement. Dans une casserole à feux doux faire suer les poireaux au beurre environ 5 mn (évaporation du jus de végétation), ajouter la crème, cuire 5 mn, retirer.
Mesurer 1 dl de jus d'huître, verser dans une casserole, ajouter les jaunes d'œufs. Monter en sabayon à feu doux, terminer en ajoutant le beurre coupé en dés et l'huile essentielle de cyprès.
Dans chaque coquille d'huître, disposer un fond de poireaux, l'huître, arroser de sabayon, passer au four position grill, maximum jusqu'à une légère coloration. Retirer, dresser en assiettes.

*crème liquide à base d'œufs et de crème battue au fouet à feu très doux.

INGRÉDIENTS POUR 4 PERSONNES : 12 gambas, 1 botte de coriandre, 1/2 paquet de vermicelles de kadaîf *(épîcerie orientale), 1 dl de muscat blanc (type Beaume de Venise), 1 goutte d'huile essentielle de gingembre, 1 goutte d'huile essentielle de citronnelle, 125 g de beurre, 2 dl d'huile d'arachide.

Queues de gambas rôties

AUX VERMICELLES DE KADAÎF, BEURRE DE MUSCAT AU GINGEMBRE ET CITRONNELLE

L'esprit de la plante : Racine-culte s'il en est, le gingembre doit une grande part de sa popularité à ses vertus aphrodisiaques. Mais pour la médecine chinoise traditionnelle il représente une véritable panacée aux innombrables indications. Via les caravanes Arabes, il se répand comme une traînée de poudre en Grèce et dans l'empire romain et devient au Moyen-Âge l'épice la plus connue après le poivre. Depuis, son piquant n'en finit pas d'allumer ses foyers aux quatre coins du monde.

La citronnelle est souvent dite «de Ceylan». Elle vit en effet dans cette île et, plus généralement, dans tout le sud-est asiatique où on la cultive à grande échelle notamment à Java. Coupés très fin, les feuilles de la citronnelle parfument agréablement la cuisine.

Décortiquer les gambas en gardant le bout de la queue, assaisonner, réserver.
Dérouler les vermicelles de kadaîf, disposer 12 petits tas sur un plat de travail, poser ensuite sur chacun 2 brins de coriandre et une queue de gambas.
Rouler ensuite chaque tas de vermicelles sur lui-même, en laissant ressortir l'extrémité de la queue, réserver.
Porter le muscat à ébullition, ajouter le beurre en petits dés, en fouettant. Retirer du feu, ajouter les huiles essentielles de gingembre et citronnelle, vérifier l'assaisonnement.
Dans une poêle, avec un fond d'huile d'arachide, cuire 5 à 6 mn les gambas à feu modéré, retourner à mi-cuisson.
Egoutter sur du papier absorbant .

Finition : dresser 3 gambas par assiette, cordon de beurre de muscat autour.

*vermicelles mous utilisés dans les pays méditerranéens en plats et en pâtisseries.

INGRÉDIENTS POUR 4 PERSONNES : 4 rougets de 150g environ, 1 kg de moules de bouchot, 2 dl de crème, 1 dl de vin blanc, 80 g d'échalotes, 1 bouquet garni, 100 g d'olives noires dénoyautées, 3 gouttes d'huile essentielle d'anis, 1 tomate coupée en dés.

Filet de rougets

ET MOULES À LA CRÈME D'OLIVES ET ANIS

L'esprit de la plante : Originaires du Moyen-Orient et des îles de la Méditerranée, les graines d'anis sont connues depuis l'antiquité. Les Egyptiens en faisaient pousser en grandes quantités pour la cuisine et la médecine. Les Crétois parfumaient à l'anis des vins très chargés en alcool.

Faire lever les filets de rougets par votre poissonnier.
Les poêler, côté peau, à l'huile d'olive, puis les disposer dans un plat creux, réserver.
Nettoyer les moules, dans un fait tout, faire revenir légèrement les échalotes avec une noisette de beurre, ajouter les moules, le vin blanc et le bouquet garni. Couvrir, laisser cuire 3 à 4 minutes, retirer.
Décortiquer les moules en gardant quelques coquilles.
Filtrer le jus des moules; dans une petite casserole, porter à ébullition 1 dl de jus de moule avec la crème, cuire 5 à 10 mn, jusqu'à consistance sirupeuse. Ajouter les moules décortiquées, les olives, l'huile essentielle d'anis, mélanger, vérifier l'assaisonnement.
Verser sur les filets de rougets, parsemer des dés de tomates.

INGRÉDIENTS POUR 4 PERSONNES : **4 steacks de 150 g environ, 0.5 dl d'huile d'olive, 100 g de beurre, 2 dl de jus de veau ou volaille (ou à réaliser avec des parures de veau ou des carcasses de volailles revenues à acheter déshydratés en supermarché), 1 dl de vin blanc, 2 cébettes émincées, 2 gouttes d' huile essentielle de piment.**

Steack de thon poêlé,

JUS DE VIANDE À L'HUILE ESSENTIELLE DE PIMENT

L'esprit de la plante :
Le piment s'est propagé comme un incendie. On doit à Christophe Colomb son introduction en Europe. Aussitôt cultivé en Espagne, il conquiert l'Italie, l'Allemagne et la Hongrie. Rien ne freine son expansion. Encore quelques décennies et il aura bouclé son tour du monde en un temps record. Non seulement capable de s'acclimater partout, le piment joue vite les premiers rôles dans les nombreuses cultures qui l'ont accueilli, en particulier celles de l'Asie.

Saler, poivrer les steacks de thon.
Dans une poêle, faire mousser 50 gr de beurre avec l'huile d'olive.
Y déposer les steacks de thon, cuire 3 mn sur chaque face, de façon à obtenir une cuisson rosée. Les retirer et les ranger dans un plat de service.
Jeter la matière grasse de la poêle, ajouter les cébettes émincées, suer 30 secondes, déglacer avec le vin blanc, faire réduire, ajouter le jus de viande, cuire de nouveau 3 mn, ajouter les 50 g de beurre restant, lier au fouet.
Retirer du feu, ajouter l'huile essentielle de piment, vérifier l'assaisonnement, verser sur les steacks de thon.
A déguster avec des pommes de terre sautées.

INGRÉDIENTS POUR 6 PERSONNES : 1.5 kg de gambas, 400 g de courgettes, 400 g d'oranges, 100 g de sucre, 1.5 dl de vinaigre blanc, 1 dl d'eau, 1 goutte d'huile essentielle de Neroli.

Gambas vapeur,

CHUTNEY DE COURGETTES À LA FLEUR DE NÉROLI

L'esprit de la plante : Le néroli est le nom de l'essence de fleur du bigaradier, l'oranger amer, qui fut connu bien avant l'oranger doux. Rameaux, fleurs et fruits de cet arbre mythique furent associés en toutes régions aux fêtes et parures nuptiales, symboles d'innocence, de fraîcheur mais aussi de fertilité. La délicieuse senteur de néroli rencontre un succès universel. Pour les parfumeurs, c'est un véritable or liquide, comme une légende du jardin des Hespérides.

Peler les oranges, découper en tranches en retirant peaux et pépins à l'aide d'un petit couteau.
Laver, émincer les courgettes en fines tranches, les mettre dans une casserole, ajouter le sucre, le vinaigre blanc, l'eau et les tranches d'orange.
Laisser cuire à feu doux environ 30 à 40 mn jusqu'à évaporation du jus de cuisson.
Retirer du feu, laisser refroidir, ajouter l'huile essentielle de neroli, mélanger.
Cuire les gambas au four vapeur ou au couscoussier.
Servir avec le chutney.

INGRÉDIENTS POUR 4 PERSONNES : 4 tranches de cabillaud de 150 g, 200 g de carottes, 500 g de petites pommes de terre 150 g de navets, 150 g de poireaux, 200 g de fenouil, 2 jaunes d'œufs, 15 g d'ail, 2,5 dl d'huile de pépin de raisin, 1 jus de citron, 2 gouttes d'huile essentielle d'orties.

Aioli de morue,

AIOLI À L'HUILE D'ORTIES

L'esprit de la plante : Connue des Gaulois et des Romains, l'ortie possède de nombreuses vertus médicinales et de remarquables qualités alimentaires. Paracelse, célèbre médecin de la Renaissance, lui accorda une place de choix dans ses préparations et Albert Dürer la peignit sur un tableau célèbre.

Nettoyer, éplucher les légumes. Couper en tronçon les carottes, les navets, les poireaux et le fenouil. Garder entières les petites pommes de terre. Cuire à la vapeur ou à l'eau bouillante tous les légumes.

Dans un mortier, piler l'ail avec les jaunes d'œufs, une pincée de sel, monter avec l'huile de pépin de raisin, comme une mayonnaise. Terminer avec le jus de citron et l'huile essentielle d'orties, vérifier l'assaisonnement, dresser dans un bol.

Cuire les tranches de cabillaud au panier à vapeur, 10 à 15 mn, suivant l'épaisseur.

Dans un plat de service, disposer au centre les filets de cabillaud, ranger harmonieusement les légumes autour et le bol d'aioli à part.

INGRÉDIENTS POUR 4 PERSONNES : 600 g de filets de lotte, 300 g de pois gourmands, 40 g de gingembre râpé, 1 jus d'orange, 1 boîte de lait de coco de 400 ml, 6 gouttes d'huile essentielle de safran, 100 g de beurre, 100 g de farine.

Blanquette de lotte

ET POIS GOURMANDS AU LAIT DE COCO, À L'HUILE ESSENTIELLE DE SAFRAN

L'esprit de la plante : Selon les enseignements de la médecine ayurvédique, le safran est un ingrédient majeur. Il accroît la sensibilité lors des pratiques érotiques et apporte vitalité et énergie dans la cuisine. Marc Aurèle prenait des bains d'eau safranée, pour embellir sa peau et renforcer sa virilité.

Cuire les pois gourmands à l'eau bouillante salée, les rafraîchir, les égoutter.
Détailler la lotte en cubes de 4 cm, les assaisonner.
Les passer dans la farine et les colorer à la poêle au beurre sur toutes les faces, égoutter sur du papier absorbant.
Verser les cubes de lotte dans une cocotte, ajouter le jus d'orange, le jus de coco, le gingembre râpé, les gouttes d'huile essentielle de safran, porter à ébullition, vérifier l'assaisonnement, laisser à couvert 5 à 10 mn, ajouter les pois gourmands, mélanger, verser dans un plat de service.
Servir avec du riz.

INGRÉDIENTS POUR 4 PERSONNES : 1 filet de lotte de 800 g (paré, épluché, désarêté par le poissonnier), 250 g de poitrine fumée coupée en fines tranches, 10 abricots secs, 200 g de petits oignons, 2 cébettes, 200 g de petits champignons de Paris, 4 dl de crème fraîche, laurier, thym, romarin, 1 goutte d'huile essentielle de cannelle, 1 dl d'eau.

Rôti de lotte

AU LARD FUMÉ ET AROMATES, ABRICOTS SECS ET CANNELLE

L'esprit de la plante : La cannelle a frappé l'imagination des Anciens. Une certaine confusion botanique entre deux espèces de cannelles n'est pas étrangère à l'aura de mystère qui entoure cet arbre des régions tropicales. Quantité de légendes mettent en scène sa cueillette, très souvent périlleuse et magique. On lui prête la capacité de s'enflammer d'elle-même, telle l'oiseau Phénix, dans le nid duquel elle se trouve d'ailleurs. De fait, la cannelle semble assumer dès la plus haute Antiquité le caractère même de l'exotisme, le parfum de l'Ailleurs, précieux entre tous.

Entourer le tronçon de lotte des tranches de lard, le ficeler.
Glisser les feuilles de laurier et branches de thym et romarin entre les ficelles et le lard.
Dans une cocotte, avec un fond d'huile d'olive, faire colorer sur toutes les faces le rôti de lotte, ajouter les petits oignons, les faire blondir.
Ajouter ensuite les champignons de Paris, 1 dl d'eau, couvrir, laisser cuire 10 mn à feu doux .
Emincer les abricots secs en grosses lanières, ciseler les cébettes.
Ajouter les abricots et les cebettes dans la cocotte, mouiller avec la crème, cuire 5 mn à petit bouillon. Vérifier l'assaisonnement, terminer par l'huile essentielle de cannelle. Remuer et servir.

INGRÉDIENTS POUR 4 PERSONNES : 12 gambas, 0.5 dl de cognac, 2 dl de crème fraîche, 300 g de riz rond, 100 g d'oignons, 70 g de crème fouettée, 70 g de parmesan, 1 l de bouillon de volaille, 60 g de beurre, 2 gouttes d'huile essentielle de livèche.

Queues de gambas,

RIZOTTO AU PARFUM DE LIVÈCHE

L'esprit de la plante : Très appréciée au Moyen-âge, la livèche figure en bonne place dans les inventaires des jardins impériaux de Charlemagne. Les herboristes médiévaux en connaissaient la réputation, déjà mise en avant par le monde antique, via l'Asie Mineure. Après une période d'oubli, la livèche retrouve les faveurs de la gastronomie à travers le célèbre bouillon « Maggi » dont elle est un élément de base.

Les gambas : décortiquer les gambas, garder les queues au frais. Faire revenir les carapaces et têtes dans une casserole avec un filet d'huile, flamber au cognac, mouiller avec 2 dl de crème, 2 dl d'eau, assaisonner, cuire jusqu'à consistance sirupeuse, passer à la passoire fine, réserver.

Le rizotto (cuisson 22 mn environ) : dans une sauteuse, avec un filet d'huile d'olive, faire revenir le riz 2 mn sans coloration, ajouter l'oignon haché, revenir encore 1 min.
Verser ensuite une partie du bouillon de volaille, laisser le riz absorber celui-ci. Puis compléter en plusieurs fois, au fur et à mesure de la cuisson.
Retirer la sauteuse du feu, ajouter le beurre coupé en dés, le parmesan, la crème fouettée, l'huile essentielle de livêche.
Mélanger, vérifier l'assaisonnement, dresser le rizotto dans un plat creux.

Finition : assaisonner les gambas, les poêler 3 min sur chaque face, les ranger ensuite sur le rizotto, napper d'un peu de sauce gambas et servir le reste en saucière.

INGRÉDIENTS POUR 4 PERSONNES : **4 tranches de faux filet de 160 gr, huile / sel / poivre. Béarnaise : 0.5 dl de vinaigre, 1 dl de vin blanc, 20 g d'échalote hachée, 1 cuillère à café d'estragon, 4 jaunes d'œufs, 250 g de beurre fondu, 3 gouttes d'huile essentielle de piment.**

Faux filet grillé,

BÉARNAISE AU PARFUM DE PIMENT

L'esprit de la plante :
Le piment s'est propagé comme un incendie. On doit à Christophe Colomb son introduction en Europe. Aussitôt cultivé en Espagne, il conquiert l'Italie, l'Allemagne et la Hongrie. Rien ne freine son expansion. Encore quelques décennies et il aura bouclé son tour du monde en un temps record. Non seulement capable de s'acclimater partout, le piment joue vite les premiers rôles dans les nombreuses cultures qui l'ont accueilli, en particulier celles de l'Asie.

Faire réduire presque complètement dans un petite casserole le vinaigre, le vin blanc, l'échalote hachée et l'estragon. Laisser refroidir un peu, ajouter les jaunes d'œufs puis monter au fouet à feu très doux. Dès que les jaunes commencent à prendre de la consistance, ajouter petit à petit le beurre fondu hors du feu. Ajouter l'huile essentielle de piment, vérifier l'assaisonnement. Huiler les steacks, passer au barbecue, saler, poivrer. Servir la sauce béarnaise en saucière.

INGRÉDIENTS POUR 4 PERSONNES : 2 magrets de canards de 400 gr, 4 poires type William, 2 ,5 dl de jus de canard (à acheter déshydraté ou à réaliser avec des carcasses de canards), 2 gouttes d'huile essentielle de genévrier, 50 g de beurre, 30 g de sucre.

Magret de canard

AUX POIRES ET GENÉVRIER

L'esprit de la plante :
Cet arbuste épineux se rencontre sans mal dans toutes les campagnes de l'hémisphère nord. On recherche ses baies, à qui il faut trois ans pour parvenir à maturité. Elles donnent son goût et l'origine de son nom au gin. De même, les créateurs de parfums n'ont jamais cessé d'y avoir recours pour les notes boisées. C'est une fidélité qui ne date pas d'hier : dans la composition des onguents et parfums de l'Egypte antique, le genévrier était déjà là !

Eplucher, couper, évider les poires.

Faire fondre le beurre dans une poêle, y cuire les poires 4 mn sur chaque face en saupoudrant de sucre.

Préchauffer le four à 250°, dans un poêle et sur feu vif, saisir les magrets sur les deux faces, assaisonner, terminer la cuisson au four durant 10 mn.

Retirer les magrets, laisser reposer sur une assiette.

Vérifier la cuisson des poires à l'aide d'une pointe de couteau.

Ajouter le jus de canard, reprendre l'ébullition, vérifier l'assaisonnement.

Retirer du feu, ajouter l'huile essentielle de genévrier, mélanger.

Découper en tranches les magrets de canards, les ranger dans un plat de service, disposer les poires sur les côtés, napper de jus de canard.

Accompagner de châtaignes au naturel.

INGRÉDIENTS POUR 4 PERSONNES : **4 blancs de volaille, 150 g de carottes, 200 g de petits pois, 200 g de pois gourmands, 3 dl de bouillon de volaille (déshydraté en supermarché), 2,5 dl de crème liquide, 3 gouttes d'absolue de jasmin.**

Emincé de poulet

AU JASMIN

L'esprit de la plante : On connaît le jasmin depuis l'arrivée des Maures en Europe. Ils l'ont ramené du nord et de l'est de l'Inde, en même temps que les navigateurs espagnols. Espagne, Maghreb, Inde et Sud de la France restent d'ailleurs les lieux de culture du jasmin. L'absolue de jasmin est très prisée des parfumeurs et elle entre dans quantités de parfums vedette. C'est une fraîche florale à l'odeur puissante, suave, très fleurie, chaleureuse et entêtante. Elle ajoute une note de coeur, en dilution dans un parfum.

Emincer la carotte, cuire à l'eau bouillante salée, ansi que les petits pois et les pois gourmands. Rafraichir, réserver.
Emincer les blancs de volaille en grosses lanières.
Chauffer un filet d'huile dans une cocotte, colorer l'émincé de poulet, assaisonner, déglacer avec le bouillon de volaille, laisser réduire 5 mn, ajouter la crème, laisser 5 mn, ajouter l'huile essentielle de jasmin, les légumes, laisser mijoter 2 mn.
Dresser dans un plat creux.

INGRÉDIENTS POUR 4 PERSONNES : 2 côtes de bœuf de 0.8 à 1kg, 1 dl d'huile d'olive, 3 gouttes d'huile essentielle de badiane, 2 cébettes, 1 tomate.

Côte de bœuf grillée,

"SON SANG DE REPOS" ÉMULSIONNÉ À L'HUILE DE BADIANE

L'esprit de la plante : Originaires du Moyen-Orient et des îles de la Méditerranée, les graines d'anis sont connues depuis l'antiquité. Les Egyptiens en faisaient pousser en grandes quantités pour la cuisine et la médecine. Les Crétois parfumaient à l'anis des vins très chargés en alcool.

Assaisonner les côtes de bœuf, les huiler légèrement, cuire au four ou au grill, position maximum, environ 7 mn, retourner, laisser à nouveau 7 mn.

Retirer les côtes de bœuf, les poser sur une grille au-dessus d'une assiette afin de récupérer le sang.

Pendant ce temps, mélanger l'huile essentielle de badiane à l'huile d'olive, émincer les cébettes, peler, épépiner et couper en dés la tomate.

Récupérer le "sang de repos" des côtes de bœuf dans un bol (environ 5 cl ou 3 cuillères à soupe). Au fouet, émulsionner avec l'huile d'olive et l'huile essentielle de badiane, ajouter la cébette ciselée, les dés de tomate, saler, poivrer, servir en saucière sans réchauffer (le sang coagulerait).

Servir avec une pomme purée.

INGRÉDIENTS POUR 4 PERSONNES : 4 pigeons de 300 g à 400 g, 3 dl de jus de volaille (déshydraté en supermarché), 1 dl de vinaigre balsamique, 100 g d'échalotes, 20 g de cacao amer, 1 goutte d'huile essentielle de géranium, 50 g de beurre.

Pigeon rôti

À L'AMERTUME DE CACAO ET PARFUM DE GÉRANIUM

L'esprit de la plante : Plus de 700 espèces de géraniums agrémentent les quatre coins du monde, à partir d'une origine africaine et chinoise. Il fut introduit en Europe au XVIIème siècle. Cette plante vivace peut atteindre 1 mètre et elle offre sa simplicité d'entretien aux jardiniers les moins expérimentés. En outre, les fragrances de son essence ont quelque parenté avec celles de la rose, ce qui a vite attiré l'attention de la parfumerie où le géranium rosat est très souvent utilisé.

Emincer l'échalote, faire revenir sans coloration dans une casserole avec une noix de beurre.

Ajouter le cacao puis le vinaigre balsamique, laisser réduire de moitié.

Ajouter le jus de volaille, laisser réduire de moitié, ajouter l'huile essentielle de géranium, terminer avec les 50 g de beurre en morceaux, en remuant au fouet.

Assaisonner les pigeons, rôtir 20 mn à four très chaud (250°), laisser refroidir 5 mn.

Les couper en deux, ou mieux, les désosser.

Répartir sur un plat de service, napper de sauce, servir avec une purée de potiron.

INGRÉDIENTS POUR 4 PERSONNES : Glace foie gras : 8 jaunes d'œufs, 200 g de sucre, 1 l de lait écrémé, 200 g de foie gras mi-cuit, 1 pincée de sel. Tartare de figues : 16 figues fermes, 0.5 dl d'huile d'olive, 1 goutte d'huile essentielle de lavande, 2 dl de vinaigre balsamique.

Tartare de figues

À LA LAVANDE, GLACE FOIE GRAS

L'esprit de la plante : Emblème définitif du Midi de la France, la lavande vraie pointe ses épis bleus dans le paysage de l'été. Elle est depuis toujours de connivence avec la recherche de pureté. Son nom vient du verbe latin « lavare « car les Anciens aromatisaient leurs bains en y jetant fleurs et feuilles de lavande. Dans l'humble et populaire sachet de lavande glissé au milieu du linge se perpétue ainsi le goût immémorial pour la plus saine des senteurs.

Glace foie gras : blanchir les jaunes d'œufs avec le sucre, verser le lait bouillant, cuire "à la nappe" (comme une crème anglaise). Dans un blender, verser la crème anglaise encore tiède, ajouter le foie gras, mixer, assaisonner, passer au chinois et mettre en sorbetière.

Tartare de figues : faire réduire de moitié à feu doux le vinaigre balsamique. Laisser refroidir, ajouter l'huile essentielle de lavande.
Laver, tailler en dés les figues, les verser dans un saladier, arroser avec 4 cuillères de vinaigre et l'huile d'olive, mélanger.
A l'aide d'un cercle à foncer, dresser un fond de tartare de figues dans chaque assiette.
Disposer une boule de foie gras au centre, cordon de vinaigre autour.

Vous pouvez remplacer la glace foie gras par un foie gras poêlé, c'est tout aussi délicieux.

INGRÉDIENTS POUR 4 PERSONNES : 800 g de filets de dinde (paré), 4 cébettes, 1 pomme Grany Smith, 2 cuillères à soupe de curry, 1 boîte de lait de coco (400 ml), 1 dl de crème, 8 gouttes d'huile essentielle de galanga, 200 g de pois gourmands.

Blanquette de dinde

AU CURRY ET GALANGA

L'esprit de la plante :
Le galanga que l'Europe médiévale nommait garingal est un rhizome aromatique d'origine chinoise qu'on assimile souvent à tort au gingembre. Son goût subtil et particulier confère une saveur incomparable aux plats dans lesquels il est employé.

Tailler les filets de dinde en dés d'environ 3 cm.
Eplucher la pomme, la tailler en dés.
Emincer les cébettes.
Cuire les pois gourmands à l'eau bouillante salée, les rafraichir, réserver.
Dans une cocotte, avec un filet d'huile, faire revenir les dés de dinde sur toutes les faces, assaisonner, saupoudrer de curry.
Ajouter les cébettes ciselées, les dés de pommes. Terminer par le lait de coco. Porter à ébullition, cuire à couvert à feu doux 10 mn.
Ajouter la crème, cuire à nouveau 10 mn, terminer par les pois gourmands et les gouttes d'huile essentielle de galanga, mélanger, vérifier l'assaisonnement. Servir avec un riz créole.

INGRÉDIENTS POUR 4 PERSONNES : 600 g de noix de veau, 1 kg de patates douces, 2 dl de lait, 2 gouttes d'absolue de vanille, 2 jus de citron vert, 2 dl de jus de veau (à réaliser avec des parures de veau ou à acheter en déshydraté), 50 g de beurre

Piccata* de veau

AU CITRON VERT, PURÉE DE PATATES DOUCES À L'ABSOLUE DE VANILLE

L'esprit de la plante :
Plante grimpante (tiges ou lianes) originaire d'Amérique tropicale, poussant au Mexique au Guatemala, au Vénézuela en Guyane, aux îles Madagascar, de la Réunion, des Comores et à Tahiti.
La récolte se fait d'avril à Juin. Première récolte sur un plan au bout de 3 ans.

Laver les patates douces, cuire avec la peau à l'eau salée.
Retirer la peau, écraser à la fourchette, ajouter le lait chaud et les gouttes d'huile essentielle de vanille. Mélanger, saler, poivrer, réserver au chaud.
Tailler des petites escalopes dans la noix de veau, saler, poivrer sur chaque face.
Chauffer une poêle avec le beurre, y saisir les piccata rapidement, les ranger ensuite sur un plat de service.
Déglacer la poêle avec le jus de citron, ajouter le jus de veau, laisser réduire un peu, vérifier l'assaisonnement, verser ensuite sur les piccata.
Servir accompagnés de la purée de patates douces.

*Terme de cuisine italien désignant de très petites et minces escalopes de veau.

INGRÉDIENTS POUR 4 PERSONNES : 600 g de viande hachée maigre, 0.5 dl de ketchup, 1 trait de worchester, 1 jaune d'œuf, 5 dl d'huile d'olive, 4 gouttes d'huile essentielle de poivre, 1 pointe de tabasco, 2 cébettes émincées.

Tartare de bœuf

À L'HUILE DE POIVRE

L'esprit de la plante : Sorti des forêts équatoriales de l'Inde, le poivre a littéralement conquis la planète. Alexandre le Grand l'introduisit en Occident et, très vite, son succès fut tel et si précieuse sa possession qu'il servit de monnaie d'échange, aux côtés de l'or et de l'argent, jusqu'à en faire un butin de choix : les Wisigoths d'Alaric agrémentent de 5000 livres de poivre leur pillage de Rome. On peut affirmer que le poivre est un de ces rares éléments de culture universels, un véritable dénominateur commun pour l'espèce humaine, sous toutes les latitudes.

Mélanger l'huile d'olive à l'huile essentielle de poivre.
Dans un saladier, verser la viande. Assaisonner, ajouter le jaune d'œuf, le ketchup, les cébettes émincées, le trait de worchester, la pointe de tabasco. Mélanger l'ensemble.
Ajouter en filet l'huile mélangée.
Vérifier l'assaisonnement, dresser en cercle dans 4 assiettes, servir accompagné de pommes frites et de salade verte.

INGRÉDIENTS POUR 4 PERSONNES : 1 rouleau de pâte feuilletée, 4 boudins de 120 g environ, 4 pommes reinette, 2 dl de crème liquide, 2 gouttes d'huile essentielle de tagète.

Tarte feuilletée

AU BOUDIN NOIR ET AUX POMMES, CRÈME DE TAGÈTE

L'esprit de la plante :
Découverte au 17 ème siècle la tagète fut introduite pour la première fois dans le sud de la France avant de se répandre en Europe comme une plante rare et précieuse sous le nom d'Œillet d'Inde. La pharmacopée traditionnelle l'utilise pour traiter les maux d'estomac, la toux et les nausées.

Découper 4 cercles de 10 cm de diamètre dans la pâte feuilletée. Les piquer à l'aide d'une fourchette. Cuire 20 mn à 180° entre 2 plaques pour éviter que la pâte ne se lève trop. Réserver.
Eplucher les pommes, les couper en quartiers, épépiner.
Mettre dans un bol, recouvrir d'un papier film et cuire 5 mn au micro-ondes.
Les égoutter en récupérant le jus. Ecraser à la fourchette, étaler la compote sur les disques de pâte feuilletée, couper le boudin en tranches, le ranger en rosace sur les tartes et passer au four 10 mn à 160°.
Chauffer le jus de pomme, ajouter la crème, assaisonner, cuire 3-4 mn, retirer.
Ajouter l'huile essentielle de tagète, dresser en saucière.

Finition : dresser une tarte dans chaque assiette, un cordon de crème de tagète autour.

INGRÉDIENTS POUR 4 PERSONNES : **2 carrés d'agneau de 8 côtes, 2 dl de jus d'agneau (vous pouvez remplacer par du jus déshydraté), 4 endives de 150 gr environ, 50 g de miel toutes fleurs, 1 cuillère à soupe de jus de citron, 50 g de beurre, 2 gouttes d'huile essentielle de genêt.**

Carré d'agneau rôti,

EFFILOCHÉE* D'ENDIVES AU MIEL ET GENÊT

L'esprit de la plante : Sous le nom de genêt, on réunit des plantes appartenant à plusieurs genres, mais qui, toutes, possèdent cette éclatante couleur jaune qui répand ses pépites sur les flancs des montagnes. Le genêt a eu le grand privilège d'être l'un des composants de la première eau de toilette, imaginée par les Egyptiens, le «kyphi». Cet engouement pour sa senteur ne s'est pas démenti. On le retrouve ainsi en note de coeur chez les plus grands : Dior pour Dune, Annick Goutal pour Grand Amour.

Faire parer les carrés d'agneau par votre boucher.
Faire revenir les parures pour réaliser le jus d'agneau.
Assaisonner les carrés d'agneau, les colorer à la poêle, terminer la cuisson au four (thermostat 250°) 15 mn environ, retirer, laisser sur une assiette la viande se reposer 5 à 10 mn pour qu'elle soit plus tendre.
Laver les endives, les émincer dans le sens de la longueur.
Faire tiédir dans une casserole le miel, ajouter la cuillère de jus de citron, l'huile essentielle de genêt, mélanger.
Chauffer les 50 g de beurre dans une grande poêle, y faire colorer l'émincé d'endives, assaisonner, cuire 5 mn environ en remuant.
Ajouter le miel de genêt aux endives, remuer, vérifier l'assaisonnement, dresser dans un plat de service.
Trancher les carrés d'agneau en côtes, dresser autour de l'effilochée d'endives.
Servir le jus d'agneau à part.

* Emincé

INGRÉDIENTS POUR 4 PERSONNES : 1 rôti de porc de 1 kg environ ficelé, 1 carotte, 1 oignon, 1 bouquet garni, 250 g de poivrons verts, 250 gr de poivrons jaunes, 400 g de poivrons rouges, 1 dl de vinaigre rouge, 50 g de sucre, 1 dl d'huile d'olive, 2 gouttes d'huile essentielle de verveine.

Rôti de porc,

CONFIT DE POIVRONS À LA VERVEINE

L'esprit de la plante :
Plus connue sous le nom de verveine exotique, la litsea cubeba est un arbuste tropical dont les petits fruits n'ont en commun avec le poivre que la forme, d'où le qualificatif de « cubeba ». Car pour le reste, feuilles et fleurs dégagent une délicate odeur citronnée, évocatrice de fraîcheur et de temps dégagé. On cultive la litsea cubeba en Asie du Sud-Est et si les Chinois en consomment peu, cela ne les empêche pas d'en être les premiers producteurs.

Rôti de porc : assaisonner le rôti de porc dans une cocotte, chauffer 0.5 dl d'huile d'olive, faire colorer le rôti sur toutes les faces.
Ajouter la carotte et l'oignon coupés grossièrement avec le bouquet garni, cuire 3 mn. Ajouter un bon verre d'eau, couvrir et laisser cuire environ 45 mn à feu doux.

Confit de poivrons à la verveine : ouvrir les poivrons, retirer le pédoncule et les graines.
Emincer en fins tronçons dans le sens de la longueur.
Dans une casserole, chauffer 0.5 dl d'huile d'olive, y faire revenir sans coloration les poivrons 5 mn, ajouter le sucre et le vinaigre, mouiller d'un bon verre d'eau, 1 bonne pincée de sel.
Cuire 20 mn environ à couvert.
Retirer du feu, vérifier l'assaisonnement, ajouter l'huile essentielle de verveine, mélanger.

Finition : dresser le confit dans un plat.
Couper le rôti en tranches, disposer autour du confit de poivrons.
Saucière du jus de rôti à part.

INGRÉDIENTS POUR 4 PERSONNES : Meringue : 100 g de blanc d'œuf, 200 g de sucre, quelques pétales de rose, 1 goutte d'huile essentielle de rose. Sorbet framboise : 5 dl de sorbet framboise, 1 barquette de framboises fraîches. Crème fouettée aux baies roses : 3 dl de crème liquide, 30 g de sucre glace, 1 goutte d'huile essentielle de baie rose.

Comme un vacherin :

MERINGUE À LA ROSE, SORBET FRAMBOISE, CRÈME FOUETTÉE AUX BAIES ROSES

L'esprit de la plante :
« Et rose elle a vécu ce que vivent les roses » soit 40 millions d'années, à en croire certains fossiles du tertiaire. La rose en sa beauté pourrait bien avoir précédé l'homme sur terre, comme pour se préparer à la passion qu'il lui porte, les soins dont il l'entoure, l'inlassable dialogue qu'il a avec elle. La rose est universellement chérie en ses innombrables variétés et son parfum fut et demeure l'or absolu du monde olfactif.

Meringue : dans un batteur à vitesse moyenne, battre les blancs en neige, incorporer le sucre en plusieurs fois. Terminer en incorporant les pétales de roses ciselées et l'huile essentielle de rose. Poser une feuille de papier sulfurisée sur la plaque du four, avec un compas, dessiner 2 cercles de 20 cm de diamètre environ. A l'aide d'une poche douille, coucher la meringue sur ces empreintes sur une hauteur de 1cm environ. Cuire les meringues au four à 80°, 3h.

Crème fouettée : fouetter la crème avec le sucre, lorsque celle-ci devient de bonne tenue, incorporer l'huile essentielle de baie rose.

Montage : poser un premier disque de meringue dans un plat de service. Masquer avec le sorbet framboise. Recouvrir du 2ème disque de meringue et à l'aide d'une poche douille cannelée, couvrir et décorer de crème fouettée. Terminer en disposant les framboises. Servir aussitôt ou réserver au congélateur.

INGRÉDIENTS POUR 4 PERSONNES : Coulis de mûres : 125 g de mûres, 50 g de sucre, jus de citron. Gelée de jasmin : 2 mangues mûres, 4 dl d'eau, 4 feuilles de gélatine, 100 g de sucre, 1 goutte d'huile essentielle de jasmin. Crème fouettée : 2 dl de crème liquide, 20 g de sucre glace.

Dans un verre :

COULIS DE MÛRES, GELÉE DE JASMIN AUX DÉS DE MANGUES, CRÈME FOUETTÉE

L'esprit de la plante : On connaît le jasmin depuis l'arrivée des Maures en Europe. Ils l'ont ramené du Nord et de l'Est de l'Inde, en même temps que les navigateurs espagnols. Espagne, Maghreb, Inde et Sud de la France restent d'ailleurs les lieux de culture du jasmin. L'absolue de jasmin est très prisée des parfumeurs et elle entre dans quantités de parfums vedette. C'est une fraîche florale à l'odeur puissante, suave, très fleurie, chaleureuse et entêtante. Elle ajoute une note de cœur, en dilution dans un parfum.

Coulis de mûres : dans un blender, mixer les mûres avec le jus de citron et le sucre. Verser ensuite une hauteur d'environ 3 cm dans chaque verre et entreposer au congélateur.

gelée de jasmin aux dés de mangues : mettre à ramollir la gélatine dans un peu d'eau froide.
Mettre à bouillir 4 dl d'eau avec 100 g de sucre, retirer du feu. Ajouter la gélatine ramollie et les gouttes de jasmin, laisser refroidir.
Eplucher, tailler les mangues en dés, incorporer ceux-ci au sirop refroidi, mélanger.
Mettre au réfrigérateur le mélange de mangues. Lorsque la gelée devient tremblotante, sortir les coupes de mûres du congélateur, les remplir au 2/3 de gelée de mangue, remettre au réfrigérateur.

Crème fouettée : fouetter la crème, incorporer le sucre glace.

Finition : au moment de servir le dessert, compléter les flûtes de mangues par une couche de crème fouettée.

INGRÉDIENTS POUR 4 PERSONNES : 4 barquettes de framboises de 125g, 4 œufs, 80 g de sucre, 1 dl de vin doux (type Monbazillac etc.), 1 cuillère à soupe de crème fraîche, 4 gouttes d'huile essentielle de bergamote.

Sabayon,

BERGAMOTE ET FRAMBOISE

L'esprit de la plante :
La bergamote s'est illustrée en Italie, mais c'est un abus de lier son nom à Bergame, région où le climat ne lui serait pas propice. En réalité, l'hypothèse du turc beg armudi, littéralement « poire du bey » est la plus vraisemblable. La bergamote est un agrume qui aime la chaleur. Elle est aujourd'hui cultivée en Calabre depuis qu'un parfumeur italien en fit son « aqua mirabilis » qui allait devenir l'eau de Cologne. Devenue célèbre à Nancy, elle parfume le sucre d'orge qui porte son nom, tandis que le thé Earl Grey lui doit sa réputation.

Séparer les jaunes des blancs d'œufs.
Blanchir les jaunes avec le sucre, ajouter ensuite le vin doux.
Au bain-marie faire épaissir jusqu'à obtention d'une crème semi solidifiée. (Elle doit marquer les mouvements de fouets).
Retirer du bain-marie, ajouter la crème fraîche, les gouttes d'huile essentielle de bergamote. Mélanger.
Répartir les framboises dans 4 assiettes creuses. Napper de sabayon puis passer sous le grill du four préchauffé au maximum pour obtenir une légère coloration.

INGRÉDIENTS POUR 4 PERSONNES : 1 kg de cerises "Burlat", 2,5 dl d'eau, 125 g de sucre, 5 gouttes d'huile essentielle de citron, 425 g de yaourt nature, 80 g de sucre, 80 g de crème liquide, 20 g de jus de citron, 5 gouttes d'huile essentielle de cardamone.

Soupe de cerises

AU PARFUM DE PEAU DE CITRON, GLACE AU YAOURT ET CARDAMONE

L'esprit de la plante :
La cardamome est originaire de la région de Malabar en Inde. Ses graines sont utilisées dans la cuisine indienne et plus généralement dans la cuisine asiatique ainsi que dans la cuisine africaine, en particulier en Éthiopie, entières ou en poudre. La cardamome se distingue par un parfum fort qu'il convient d'employer avec parcimonie.

Cerises au sirop de citron : faire bouillir l'eau et le sucre quelques minutes, laisser refroidir, ajouter 5 gouttes d'huile essentielle de citron, le jus de citron, remuer.
Laver, dénoyauter les cerises, les ranger dans un plat creux, arroser de sirop de citron, réserver au frais.

Glace au yaourt : dans un bol, disposer les yaourts égouttés, le sucre, la crème et 5 gouttes d'huile essentielle de cardamone.
Mélanger, poser en sorbetière, réserver au congélateur.

Finition : servir en assiette légèrement creuse la salade de cerises, poser une quenelle de glace au yaourt.
On peut accompagner de madeleines tièdes.

INGRÉDIENTS POUR 4 PERSONNES : 200 g de chocolat à 70% cacao, 20 cl de crème liquide, 60 g de sucre, 4 œufs, 5 gouttes d'huile essentielle de gingembre, 4 gouttes d'huile essentielle d'orange.

Mousse au chocolat

À L'ORANGE ET GINGEMBRE

L'esprit de la plante : Racine-culte s'il en est, le gingembre doit une grande part de sa popularité à ses vertus aphrodisiaques. Mais pour la médecine chinoise traditionnelle il représente une véritable panacée aux innombrables indications. Via les caravanes Arabes, il se répand comme une traînée de poudre en Grèce et dans l'empire romain et devient au Moyen-âge l'épice la plus connue après le poivre. Depuis, son piquant n'en finit pas d'allumer ses foyers aux quatre coins du monde.

L'orange a commencé à voyager au début de l'ère chrétienne. Les transformations linguistiques de son nom témoignent de ce vagabondage, à partir du mot perse narang, devenu naranj en arabe, arancia en italien, orange en français.

Faire fondre le chocolat au bain-marie ou au micro-ondes, remuer puis laisser tiédir.
Séparer les blancs des jaunes d'œufs, les monter en neige au batteur. Lorsque ceux-ci sont fermes, ajouter le sucre semoule, fouetter encore quelques instants, réserver.
Battre la crème au fouet (elle doit tenir au fouet).
Dans un grand saladier, verser le chocolat fondu tiède, ajouter les jaunes d'œufs, les gouttes d'huiles essentielles d'orange et de gingembre, mélanger l'ensemble. Ajouter les blancs en neige en 2 fois, en soulevant bien la masse délicatement. Ajouter ensuite la crème fouettée en procédant de même.
Verser ensuite dans une grande coupe ou 4 coupes individuelles, puis placer au réfrigérateur pendant 2 h au moins.

INGRÉDIENTS POUR 6 PERSONNES : 4 cuillères à soupe de cacao, 90 cl de lait, 1 cuillère à soupe de sucre, 3 cuillères à soupe de miel, 1 cl de crème liquide, 1 goutte d'huile essentielle cannelle, 2 gouttes d'huile essentielle piment.

Chocolat chaud

AU PARFUM DE PIMENT ET CANNELLE

L'esprit de la plante :
La cannelle a frappé l'imagination des Anciens. Quantité de légendes mettent en scène sa cueillette, très souvent périlleuse et magique. On lui prête la capacité de s'enflammer d'elle-même, telle l'oiseau Phénix, dans le nid duquel elle se trouve d'ailleurs. De fait, la cannelle semble assumer dès la plus haute Antiquité le caractère même de l'exotisme, le parfum de l'Ailleurs, précieux entre tous.

Le piment s'est propagé comme un incendie. On doit à Christophe Colomb son introduction en Europe. En quelques décennies, il aura bouclé son tour du monde en un temps record. Non seulement capable de s'acclimater partout, le piment joue vite les premiers rôles dans les nombreuses cultures qui l'ont accueilli, en particulier celles de l'Asie.

Fouetter la crème liquide, réserver.
Chauffer le lait avec le cacao à feu doux, sans faire bouillir.
Ajouter le sucre, le miel, les huiles essentielles.
Fouetter à nouveau, répartir dans 6 verres, couvrir de crème fouettée, parsemer de cacao.
Déguster.

INGRÉDIENTS POUR 4 PERSONNES : 600 g de chocolat couverture, 30 cl de crème fraîche (35%) liquide, 100 g de beurre, 200 g de cacao, 1 goutte d'huile essentielle de romarin, 1 goutte d'huile essentielle de thym, 2 gouttes d'huile essentielle de lavande.

Truffes au chocolat

AU PARFUM DU MAQUIS (THYM, ROMARIN, LAVANDE)

L'esprit de la plante : Le romarin ne fait qu'un avec la Méditerranée. Son caractère bienfaisant et sacré lui a assuré une réputation toujours entière. Si les Grecs et les Latins en tressaient des couronnes, c'était pour aviver leur mémoire et les jeunes mariés en plantaient un rameau le jour de leur noce en gage de stabilité.

Le thym est indissociable du Midi de la France. Il y pousse à l'état sauvage, se rencontre à la moindre promenade et apparaît comme une évidence dans la gastronomie méridionale. Les Grecs le tenaient en haute estime et l'associaient au culte de la déesse Hécate tout comme, dans l'Europe du Nord, cette plante était consacrée à la Venus nordique Freia, preuve que le thym a toujours été marié aux forces vitales du principe féminin.

Porter à ébullition la crème liquide, y ajouter 300 g de chocolat coupé en morceaux, le beurre coupé en morceaux ; remuer afin d'obtenir un mélange bien lisse.

Partager ce mélange dans 3 bols. Ajouter les huiles essentielles dans chaque bol, bien remuer.

A l'aide d'une petite cuillère, façonner de petites boules de chaque ganache sur une plaque avec un papier sulfurisé, laisser durcir au réfrigérateur durant 20 mn.

Faire fondre au micro-ondes 200 g de chocolat noir. Lorsque celui-ci est fondu, ajouter les 100 g restant afin d'abaisser la température à environ 30°.

Verser le cacao dans un plat creux.

A l'aide de petites piques, plonger chaque boule de ganache dans le chocolat fondu, puis rouler ensuite dans le cacao.

Disposer sur un plat, laisser refroidir, tapoter légerement pour enlever l'excédent de cacao. Garder en boîte hermétique dans un endroit frais.

INGRÉDIENTS POUR 8 PERSONNES : Fruits rouges marinés : 250 g de framboises, 500 g de fraises, 125 g de mures, 125 g de myrtilles, 25 dl d'eau, 200 g de sucre, 2 gouttes de muscade. Glace verveine : 5 dl de lait, 5 dl de crème, 8 jaunes d'œufs, 4 gouttes d'huile essentielle de verveine exotique (litsea cubeba), 200 g de sucre.

Fruits rouges

MARINÉS AU SIROP DE MUSCADE, GLACE VERVEINE

L'esprit de la plante : Plus connue sous le nom de verveine exotique, la litsea cubeba est un arbuste tropical dont les petits fruits n'ont en commun avec le poivre que la forme, d'où le qualificatif de « cubeba ». Car pour le reste, feuilles et fleurs dégagent une délicate odeur citronnée, évocatrice de fraîcheur et de temps dégagé. On cultive la litsea cubeba en Asie du Sud-Est et si les Chinois en consomment peu, cela ne les empêche pas d'en être les premiers producteurs.

Glace verveine : blanchir les jaunes avec le sucre.
Faire bouillir le lait et la crème, verser sur les jaunes, mélanger, cuire "à la nappe", (comme une crème anglaise).
Passer à la passoire fine, laisser refroidir, ajouter les gouttes d'huile essentielle de verveine .
Mélanger et passer en sorbetière.

Fruits rouges marinés au sirop de muscade : faire bouillir l'eau avec le sucre, laisser refroidir, ajouter l'huile essentielle de muscade, mélanger.
Laver les fraises, équeuter, couper en 2 si besoin, disposer dans une saladier avec les autres fruits rouges.
Mouiller à hauteur avec le sirop de muscade.
Laisser mariner au frais deux heures.
Servir avec la glace verveine.

INGRÉDIENTS POUR 8 PERSONNES : Tarte : 200 g de farine, 120 g de beurre, 10 g de sucre glace, 1 jaune d'œuf. Crème d'amande : 80 g de beurre, 80 g d'amande en poudre, 1 œuf, 1 cuillère à café de rhum. Caramel de noix à l'estragon : 200 g de crème liquide, 130 g de noix concassées, 1 goutte d'huile essentielle d'estragon.

Tarte aux noix

ET CARAMEL À L'ESTRAGON

L'esprit de la plante : L'estragon vient de loin. Il a traversé les steppes de l'Asie centrale dans les bagages des cavaliers mongols ou ceux des Croisés du XIIème siècle. Sous le nom de tharkoum, les Arabes lui firent une place de choix dans leur pharmacopée. Quant aux moines français du XVIème siècle, ils purent cultiver l'estragon sans danger : c'est l'une des rares plantes aromatiques sans soupçon de vertus aphrodisiaques !

Pâte sablée : déposer la farine en fontaine, ajouter le beurre ramolli en petits morceaux, le sucre glacé, une pincée de sel, sabler l'ensemble avec le bout des doigts, ajouter le jaune d'œuf, rassembler la pâte en boule et laisser reposer au frais pendant 4 heures.

Crème d'amande : au fouet, dans un bol, mélanger le beurre pommade avec les amandes en poudre, ajouter l'œuf puis le rhum, mélanger à nouveau, réserver au frais.
Foncer un moule à tarte avec la pâte sablée, piquer à l'aide d'une fourchette, garnir ensuite avec la crème d'amande. Cuire au four à 180°.

Caramel de noix à l'estragon : dans une casserole à fond épais, cuire les 250 g de sucre avec un peu d'eau pour obtenir un caramel blond foncé. Verser ensuite la crème liquide, bien mélanger et porter à ébullition. Ajouter les noix concassées, mélanger, laisser tiédir et ajouter l'huile essentielle d'estragon. Garnir ensuite le fond de tarte.

INGRÉDIENTS POUR 4 PERSONNES : 400 g de fraises, 250 g de framboises, 1 dl de creme, 100 g de sucre, 2 gouttes d'huile essentielle de géranium.

Fraises et framboises

ÉCRASÉES AU GÉRANIUM

L'esprit de la plante :
Plus de 700 espèces de géraniums agrémentent les quatre coins du monde, à partir d'une origine africaine et chinoise. Il fut introduit en Europe au XVIIème siècle. Cette plante vivace peut atteindre 1 mètre et elle offre sa simplicité d'entretien aux jardiniers les moins expérimentés. En outre, les fragrances de son essence ont quelque parenté avec celles de la rose, ce qui a vite attiré l'attention de la parfumerie où le géranium rosat est très souvent utilisé.

Laver, équeutter les fraises.
Dans un saladier, écraser les fraises et les framboises à l'aide d'une fourchette.
Saupoudrer de sucre, ajouter la crème fraiche.
Ajouter l'huile essentielle de géranium, mélanger.

INGRÉDIENTS POUR 4 PERSONNES : 4 babas secs achetés dans le commerce, 1 l d'eau, 1 dl de rhum, 200 g de sucre, 5 gouttes d'huile essentielle d'ylang-ylang, 1 ananas frais, 2 dl de crème, 50 g de sucre glace

Baba

AU SIROP DE RHUM ET YLANG-YLANG

L'esprit de la plante : A Madagascar et aux Comores, ylang ylang, « la fleur des fleurs », est l'objet d'une attention séculaire. Mêlée à l'huile de noix de coco, les habitants de ces îles en confectionnaient une pommade appelée boori-boori, assouplissant naturel de la peau et fébrifuge. Les Européens de l'époque victorienne en tirèrent la célèbre « huile de Macassar », pour les soins capillaires. Aujourd'hui, la fleur des fleurs est recherchée des parfumeurs et, surtout, des aromathérapeutes. Ils ont compris le bien-être intérieur dont elle a le secret.

Sirop rhum ylang-ylang : porter à ébullition l'eau avec le sucre, retirer du feu, ajouter le rhum et l'huile essentielle d'ylang-ylang.
Disposer les babas sur une grille au-dessus d'une assiette.
Arroser de sirop rhum ylang-ylang. Ceux-ci doivent être bien imbibés.
Fouetter la crème avec le sucre glace en chantilly.
Eplucher l'ananas, découper en fines tranches.

Dressage et finition : par assiette, disposer en rosace les tranches d'ananas, autour d'un baba au sirop.
Poser au centre une cuillère de crème fouettée.
Napper les tranches d'ananas du sirop restant.

INGRÉDIENTS POUR 4 PERSONNES : Glace poivre et gingembre : 5 dl de lait, 5 dl de crème, 8 jaunes d'œufs, 200 g de sucre, 6 gouttes d'huile essentielle de poivre, 4 gouttes d'huile essentielle de gingembre. Croustillant de bananes : 8 bananes, 4 feuilles de brick (en supermarché ou dans les épiceries orientales), 100 g de sucre cassonade, 50 g de beurre fondu. Chocolat : 2 dl d'eau, 100 g de sucre, 50 g de cacao amer.

Croustillant de banane,

SAUCE CHOCOLAT, GLACE POIVRE ET GINGEMBRE

L'esprit de la plante : Racine-culte s'il en est, le gingembre doit une grande part de sa popularité à ses vertus aphrodisiaques. Mais pour la médecine chinoise tradition-nelle, il représente une véritable panacée aux innombrables indica-tions. Via les caravanes Arabes, il se répand comme une traînée de poudre en Grèce et dans l'empire romain et devient au Moyen-âge l'épice la plus connue après le poivre. Le continent américain à peine découvert, le gingembre y prend racine avec succès. De-puis, son piquant n'en finit pas d'allumer ses foyers aux quatre coins du monde.

Glace poivre et gingembre : blanchir les jaunes d'œufs en fouettant avec le sucre.
Porter à ébullition le mélange lait-crème, verser sur les jaunes blanchis. Cuire ensuite comme une crème anglaise, passer à la passoire fine.
Laisser refroidir. Ajouter les gouttes d'huiles essentielles de poivre et gingembre. Passer en sorbetière

Croustillant de bananes : éplucher les bananes. Etaler le sucre cassonade dans une assiette et y rouler les bananes.
Couper les feuilles de brick en deux.
Rouler ensuite chaque banane dans les demi-feuilles de brick, badigeonner de beurre fondu.
Préchauffer le four à 160°, cuire les croustillants de bananes 10 mn.

Sauce chocolat : faire bouillir l'eau avec le sucre, ajouter le cacao, passer à la passoire fine, laisser refroidir.

Finition : dans l'assiette, poser un croustillant de banane, une boule de glace poire et gingembre, cordon de sauce chocolat, saupoudrer de sucre glace.

INGRÉDIENTS POUR 4 PERSONNES : 750 g de pulpe de fruits (abricots - pommes vertes - pêches), 150 g de sucre en poudre, 30 g de pectine jaune, 150 g de glucose, 1 kg de sucre cristal, 10 g de jus de citron, 4 gouttes d'huile essentielle de basilic. Pour la pectine, le glucose et la pulpe de fruits, s'adresser à un fournisseur de produits pâtissiers ou négocier avec votre pâtissier.

Pâte de fruits

AU BASILIC

L'esprit de la plante :
Plante indienne, le basilic passe pour l'incarnation de Lakshmi, déesse de la fortune et de la beauté, épouse de Vishnu. Autant dire que le basilic, sous le nom de « tulasi » est en Inde l'objet d'une grande ferveur mystique. Tout foyer de tradition vishnuïte entretient un pot de basilic, salué chaque jour. Aussi, les prairies où pousse cette plante sont-elles désignées comme les lieux de prédilection des cérémonies et méditations quotidiennes.

Mélanger la pectine avec le sucre.
Porter à ébullition la pulpe de fruits avec le mélange sucre/pectine et le glucose.
Ajouter ensuite le sucre cristal, reprendre l'ébullition et cuire l'ensemble à 106° (se servir d'un thermomètre à sucre).

Retirer l'ensemble du feu, ajouter le jus de citron, laisser tiédir.
Ajouter alors les gouttes d'huile essentielle de basilic, mélanger, verser ensuite dans des bacs sur une hauteur de 2 à 3 cm. Réserver une nuit au réfrigérateur.
Découper en rectangles, saupoudrer de sucre.

INGRÉDIENTS POUR 6 PERSONNES : 150 g de riz rond, 1 l de lait, 200 g de sucre, 4 gouttes d'huile essentielle de mandarine.

Riz au lait

À LA MANDARINE

L'esprit de la plante :
Le mandarinier est un agrume qui pousse spontanément dans le Sud-Est de l'Asie, spécialement en Chine. Il est fort probable que la mandarine doive son nom, via l'italien « mandarino «, aux puissants mandarins chinois à qui ce fruit était destiné. Comme pour l'oranger, le mandarinier a donné naissance à de nombreux cultivars et espèces hybrides car les agrumes se prêtent volontiers aux croisements.

Porter à ébullition le lait avec le sucre, ajouter le riz, cuire à feu doux 25 mn en remuant.
Laisser refroidir, ajouter les gouttes d'huile essentielle de mandarine, mélanger, réserver au réfrigérateur.

INGRÉDIENTS POUR 4 PERSONNES : 10 feuilles de gélatine, 100 g eau, 500 g sucre, 100 g sucre glace, 100 g fécule de pomme de terre, 160 g de blancs en neige. Colorant vert alimentaire (en supermarché), 3 gouttes d'huile essentielle d'eucalyptus. Pour cette recette, un thermomètre à sucre est indispensable.

Guimauves

À L'EUCALYPTUS

L'esprit de la plante : Les eucalyptus ont acquis au cours des décennies des capacités de survie exceptionnelles qu'ils doivent aux conditions extrêmes de leur pays : l'Australie. Ils peuvent atteindre 100 m et forment d'immenses forêts qui, aperçues de loin par les premiers explorateurs, firent surnommer l'île-continent « le pays des brouillards bleus ». De la même façon, on le nomme parfois sous nos climats le « gommier bleu ». Introduit en Europe au XVIIIe siècle et utilisé pour assainir les zones marécageuses, ses vertus médicinales furent aussitôt exploitées.

Faire ramollir la gélatine dans un bol avec de l'eau froide.
Durant ce temps, au batteur à vitesse modérée, monter les blancs en neige.
Faire bouillir l'eau et le sucre pour obtenir un sirop et laisser cuire.
Contrôler la cuisson du sirop avec le thermomètre à sucre (elle doit arriver à 130°). Ajouter ce sirop progressivement (au filet) aux blancs d'œufs en augmentant la cadence du batteur.
Ajouter la gélatine ramollie, la pointe de colorant, et les gouttes d'huile essentielle d'eucalyptus.
Battre encore 10 mn environ, le temps que le mélange refroidisse.
Verser la préparation dans le moule à lisser. Attendre quelques minutes puis saupoudrer du mélange sucre glace-fécule à l'aide d'une petite passoire.
Laisser reposer quelques heures à un endroit relativement frais mais sec.
Retourner la guimauve, saupoudrer à nouveau de sucre glace-fécule, découper en morceaux, laisser sécher, conserver dans une boîte hermétique.

Vin au thym

INGRÉDIENTS : 1 l de vin rosé, 150 g de sucre, 0.5 dl d'alcool pour fruits à 45°, 1 goutte d'huile essentielle de thym.

Dans une casserole, faire fondre le sucre avec un verre de rosé, porter à ébullition, laisser refroidir.
Ajouter ensuite le reste du vin, l'alcool et les gouttes d'huile essentielle de thym.
Garder au réfrigérateur.

Vin de cannelle

INGRÉDIENTS : 1 l de vin rouge, 150 g de sucre, 0.5 dl d'alcool pour fruits à 45°, 1 goutte d'huile essentielle de cannelle.

Dans une casserole, faire fondre le sucre avec un peu de vin en portant à ébullition. Laisser refroidir.
Ajouter ensuite le reste du vin, l'alcool de fruits, l'huile essentielle de cannelle.
Conserver au frais.

Vin de sauge

INGRÉDIENTS : 7.5 dl de vin blanc type « Côte de Provence », 50g de sucre semoule, 1 goutte d'huile essentielle de sauge.

Mélanger l'ensemble, garder au frais.

Rhum arrangé

INGRÉDIENTS : 1 l de rhum blanc, 3 gouttes d'huile essentielle de vanille, 2 gouttes d'huile essentielle de gingembre, 2 gouttes d'huile essentielle de piment, 20 g d'eau, 20 g de sucre brun.

Faire fondre le sucre dans un peu d'eau et porter à ébullition, laisser refroidir.
Ajouter les gouttes d'huile essentielle au sirop puis ajouter le rhum, remettre en bouteille.

Vodka, aneth et coriandre

INGRÉDIENTS : 5 dl de vodka, 2 gouttes d'huile essentielle d'aneth, 1 goutte d'huile essentielle de coriandre.

Mélanger, laisser macérer 15 jours avant utilisation.

Limoncello

INGRÉDIENTS : 1 l d'alcool à 45°, 250 g de sucre, 1 dl d'eau, 15 gouttes d'huile essentielle de citron.

Faire fondre le sucre avec l'eau et le porter à ébullition. Laisser refroidir.
Ajouter l'alcool et les gouttes essentielles de citron. Mélanger.
Mettre en bouteille, laisser macérer 10 jours avant dégustation.

Limonade au romarin

INGRÉDIENTS : 1 l d'eau de source (ou pétillante si vous n'avez pas de siphon), 150 g de sucre, 50 g de jus de citron sans pulpe, 1 goutte d'huile essentielle de citron, 1 goutte d'huile essentielle de romarin, 1 siphon de 1 l, 2 cartouches de gaz.

Porter à ébullition 1 dl d'eau avec le sucre et le jus de citron, laisser refroidir, ajouter les huiles essentielles de citron et romarin, mélanger.
Ajouter les 9 dl d'eau restante.
Mettre en siphon, fermer, ajouter 2 cartouches de gaz. Garder 6 heures au frais avant utilisation.

Limonade au géranium

INGRÉDIENTS : 1 l d'eau de source (ou pétillante si vous n'avez pas de siphon), 150 g de sucre, 50 g de jus de citron sans pulpe, 1 goutte d'huile essentielle de citron, 1 goutte d'huile essentielle de géranium, 1 siphon de 1 l, 2 cartouches de gaz.

Porter à ébullition 1 dl d'eau avec le sucre et le jus de citron, laisser refroidir, ajouter les huiles essentielles de citron et géranium.
Ajouter les 9 dl d'eau restante.
Mettre en siphon, fermer, ajouter 2 cartouches de gaz.
Garder 6 heures au frais avant utilisation.

Miel au gingembre

INGRÉDIENTS : 250 g de miel toutes fleurs, 2 gouttes d'huile essentielle de gingembre.

Faire fondre au bain-marie le miel, ajouter les gouttes d'huile essentielle de gingembre.
Remuer, verser dans un pot en grès ou en verre. Conserver dans un endroit tempéré.

Miel à la sauge

INGRÉDIENTS : 250 g de miel toutes fleurs, 2 gouttes d'huile essentielle de sauge.

Faire fondre au bain-marie le miel, ajouter l'huile essentielle de sauge.
Remuer, conditionner dans un pot en verre ou en grès. Conserver dans un endroit tempéré.

Miel à la menthe poivrée

INGRÉDIENTS : 250 g de miel toutes fleurs, 1 goutte d'huile essentielle de menthe poivrée.

Faire fondre au bain-marie le miel, ajouter l'huile essentielle de menthe.
Remuer, conditionner en pot en grès ou en verre. Conserver dans un endroit tempéré.

Miel au piment

INGRÉDIENTS : 250 g de miel toutes fleurs, 2 gouttes d'huile essentielle de piment.

Faire fondre au bain-marie le miel, ajouter l'huile essentielle de piment.
Remuer, conditionner dans un pot en grès ou en verre. Conserver dans un endroit tempéré.

Miel à la citronnelle

INGRÉDIENTS : 250 g de miel toutes fleurs, 1 goutte d'huile essentielle de citronnelle.

Faire fondre au bain-marie le miel, ajouter l'huile essentielle de citronnelle.
Remuer, conditionner en pot en grès ou en verre. Conserver dans un endroit tempéré.

Huile de marjolaine aux baies roses

INGRÉDIENTS : 5 dl d'huile d'olive, 3 gouttes d'huile essentielle de marjolaine, 2 gouttes d'huile essentielle de baies roses.

Laisser macérer 15 jours avant utilisation. Pour déguster sur un chèvre frais avec quelques raisins secs et une salade verte.

Huile de lavande

INGRÉDIENTS : 5 dl d'huile d'olive douce ou de colza, 1 goutte d'huile essentielle de lavande.

Laisser macérer 15 jours avant utilisation. Pour parfumer vos salades vertes (laitues, romaines…), accompagnées de figues émincées, avec une tranche de jambon cru.

Huile de vanille

INGRÉDIENTS : 5 dl d'huile de lin, 4 gouttes d'huile essentielle de vanille.

Laisser macérer 15 jours avant utilisation. Pour assaisonner vos poissons marinés ou grillés, un parfum des îles sur des avocats, légumes…

Huile d'origan et citron

INGRÉDIENTS : 5 dl d'huile d'olive douce, 1 goutte d'huile essentielle d'origan, 3 gouttes d'huile essentielle de citron.

Laisser macérer 15 jours avant utilisation. Excellent sur des poissons ou viandes blanches grillés ou vapeur.

Huile de basilic

INGRÉDIENTS : 5 dl d'huile d'olive douce, 4 gouttes d'huile essentielle de basilic, 2 gousses d'ail.

Laisser macérer 15 jours au réfrigérateur avant utilisation, pour assaisonner vos salades, tomates, pan bagna...

Crédits photos : Edith Andreotta

Nous remercions pour leur accueil au Mas du Langoustier Lélia Fournier Le Ber et Salvatore Troia ainsi que l'ensemble du personnel du Mas du Langoustier. Nous remercions également pour leur précieux conseils Georges Ferrando et l'équipe Albert Vieille ; Nicole Lucchini, Rina Amada et Remi Tsubouchi pour leurs relectures avisées.

Achevé d'imprimer en janvier 2007

ISBN : 978-2-910410-39-1
ROM Édition, janvier 2007
http://www.rom.fr

Pour acheter le livre en ligne :
http://www.boutique.rom.fr

Le Mas du Langoustier ****
83400 Ile de Porquerolles
Tél. : (33) 04 94 58 30 09
Fax : (33) 04 94 58 36 02
langoustier@wanadoo.fr

Toutes les huiles essentielles
utilisées dans ces recettes
sont disponibles sur les sites :
http://www.neroliane.com
http://www.albertvieille.com

Dépôt légal : janvier 2007